44, 45, 50, 51
49
48
BARMB
Hofweg
Winterhuder Weg
UHLENHORST
46, 47
Mundsburg
U3
Eilenau
Eilbeker Weg
Ritterstr.
Wandsbeker Chaussee
EILBEK
Außenalster
Uhlandstr.
Wartenau
Hasselbrook
53
An der Alster
HOHENFELDE
Landwehr
Sievekingsallee
Lübecker Str.
An der Alster
ST. GEORG
52
Bürgerweide
Lohmühlenstr.
Hammerkirche
S3
S21
Nord
U1
Hauptbahnhof
Burgstr.
Hammer Landstr.
U2
U4
Borgfelder Str.
Berliner Tor
HAMM
Kurt-Schumacher-Allee
Süd
Eiffestr.
Eiffestr.
Steinstr.
Nordkanalstr.
S21
ALTSTADT
Spaldingstr.
Heidenkampsweg
Hammerbrook
HAMMERBROOK
Bille
Amsinckstr.
17
S3
54
HafenCity Universität
Versmannstr.
Großmannstr.
Rothenburgsort
Billstr.
Norderelbe
ROTHENBURGSORT
Freihafenelbbrücke
Neue Elbbrücke
Ausschläger Allee
KLEINER RASBROOK
56
59, 60, 61
Am Saalehafen
VEDDEL
55

LIEBLINGSORTE

Insel

HAMBURG

BIRGIT HAUSTEDT

2. Auflage 2015

Erste Auflage 2015
insel taschenbuch 4290
Originalausgabe

Vertrieb durch den Suhrkamp Taschenbuch Verlag
Umschlaggestaltung und Layout: Marion Blomeyer, München
Illustrationen: Ryo Takemasa, Tokio
Karten: Peter Palm, Berlin
Satz: Greiner & Reichel, Köln
Druck: CPI – Ebner & Spiegel, Ulm
Printed in Germany
ISBN 978-3-458-35990-6

INHALTSVERZEICHNIS

Altstadt

HAMBURGS ZENTRUM

1

S-/U-BAHNEN JUNGFERNSTIEG, U3 RATHAUSMARKT

Die Alsterarkaden – wo Hamburg wie Venedig leuchtet

ALSTERARKADEN
20354 HAMBURG

TIPP

DAS BESTE LOKAL UNTER DEN ALSTERARKADEN: SALIBA
BESONDERS ZU EMPFEHLEN: DIE VORSPEISEN UND DIE »SÜSSEN SÜNDEN DES ORIENTS«

NEUER WALL 13
TEL. 040 34 50 21
MO-SO 11-23 UHR

Glitzerndes Wasser, darüber ein weißes Häuserensemble mit eleganten Bogengängen – bei schönem Wetter fühlt man sich an den Alsterarkaden fast wie in Venedig. Kein Backstein trübt die mediterrane Eleganz.

Die Arkaden verdanken sich dem Großen Brand, dem die gesamte Hamburger Innenstadt bis zum Jungfernstieg im Mai 1842 zum Opfer fiel. Eine Tragödie für die Bewohner und die Stadtregierung, eine Chance für Stadtplaner und Architekten. Denn diese hatten jetzt gewissermaßen Tabula rasa. Wo früher alle Baustile durcheinandergewürfelt, die Gassen eng und die alten Fachwerkhäuser verwinkelt waren, sollte jetzt ein repräsen-

tatives, großzügiges und einheitliches Stadtzentrum entstehen. Vorbild dieser Neuerschaffung Hamburgs, darüber waren sich die beteiligten Planer bald im Klaren, sollte eine andere Metropole sein, die Seerepublik Venedig. Das Rathaus im Stil der italienischen Renaissance, der Rathausmarkt wie die Piazza San Marco, dazu herrschaftliche Bogengänge in Sichtweite. Über die Verlegung des alten Zentrums weg von Elbe und Trostbrücke hin in die Nähe der Binnenalster war man sich rasch einig, denn hier gab es mehr Weite und mehr Platz. Erster Bau und sozusagen Modell für den neuen Stil à la veneziana waren die Alsterarkaden, die der federführende Architekt Alexis de Chateauneuf gleich nach dem Brand errichten ließ. Doch das städtebauliche Schmuckstück blieb lange solitär, Rathaus und Rathausmarkt wurden erst über fünfzig Jahre später fertig.

Inzwischen hatten sich Geschmack und Ansprüche gewandelt. Zwar zitiert das Rathaus immer noch die Renaissance, nun aber gewendet ins Protzige und ohne die leichtfüßige Eleganz der Serenissima. Und auch der Rathausmarkt ist trotz seiner beeindruckenden Weitläufigkeit nicht ganz zum Markusplatz geworden. Ein Wichtiges fehlt zudem: Kein historisches Kaffeehaus lädt zum Verweilen. Stattdessen kann man sich aber auf die gerundete Wassertreppe an der Kleinen Alster setzen und hat – Rathaus und Rathausmarkt im Rücken – den schönsten Blick auf die Alsterarkaden. Die Treppe war ursprünglich Anleger für Kähne und Schuten, die vor der Alsterschleuse warteten. Doch da im Zuge der Modernisierung immer mehr Fleete zugeschüttet wurden, nahm auch der Warenverkehr auf dem Wasser in der Innenstadt rapide ab. Heute hat die Treppe rein ästhetische Funktion. Ausgerechnet hier haben wir das Venediggefühl, wo doch der amphibische Charakter, der Hamburg mit Venedig verband, und die vielen Fleete, die als Lebensadern das Stadtzentrum bestimmten, immer mehr verschwunden sind.

2

S-/U-BAHNEN JUNGFERNSTIEG

Die Mellin-Passage

Die Kunst des Flanierens haben die Hamburger erst spät erlernt. Ziellos in der Stadt herumzuschlendern und Schaufenster anzuschauen – unvorstellbar für die geschäftigen Hanseaten. Das änderte sich erst, als große Teile der Innenstadt zwischen Jungfernstieg und Rathausmarkt nach dem Großen Brand von 1842 zu feinen Einkaufsstraßen mit teuren Läden umgebaut wurden. Einer der ersten war das noch heute bestehende Traditionsgeschäft Ladage & Oelke, das 1845 am Neuen Wall gegründet und mit seiner englisch inspirierten Understatement-Mode rasch bekannt wurde.
Gleich daneben befindet sich eine kulturhistorische Rari-

MELLIN-PASSAGE
EINGANG ALSTERARKADEN ODER
NEUER WALL 1
20354 HAMBURG

TIPP

DIE BUCHHANDLUNG FELIX JUD
NEUER WALL 13
20354 HAMBURG
TEL. 040 34 34 09

KUNSTHANDEL
TUMI

tät: die älteste Einkaufspassage Hamburgs, die Mellin-Passage. Gebaut wurde sie 1864, ihren Namen verdankt sie einer hier ansässigen Drogerie, wie man noch an den Reklamezeichnungen auf den Wänden sieht. Wie ihre Vorbilder, die Pariser Passagen, wurde sie kostbar gestaltet: Säulen flankieren den Eingang, Blendarkaden veredeln die hohen Wände. Man fühlt sich an Kunstgalerien italienischer Renaissancepaläste erinnert – mit dem Unterschied, dass hier keine Bilder, sondern Waren ausgestellt werden. Hier tritt die Kunst in den Dienst des Kaufmanns, wie es in Walter Benjamins *Passagen-Werk* heißt.

Dabei transzendiert die Kunst allerdings auch die Warenwelt. Das zeigt ein Blick auf die Deckengemälde. Die eleganten Jugendstil-Dekorationen wurden erst vor zwei Jahrzehnten bei einer Restaurierung wiederentdeckt. Auch sie waren wohl im Auftrag Mellins entstanden, ihr Thema ist die weibliche Schönheit. Es handelt sich um vier Frauenporträts, welche die vier Lebensalter symbolisieren, dazu das jeweils passende kosmetische Produkt. Eine der Damen trägt eine Sanduhr, daneben ist ein schwarzer Rabe zu sehen – Zeichen des Todes und der Vergänglichkeit, die auch in eine Kirche passen würden und mehr zum Nachdenken über den Sinn des Lebens als zum Einkaufen einladen. Das alte Vanitas-Motiv, modern gefasst, thematisiert die Zeitlichkeit, der Waren und Mode unterworfen sind. Die leicht melancholische Stimmung der Passage mag aber auch daher rühren, dass heute nur noch wenige Menschen hier vorübergehen.

3

U 3 RATHAUSMARKT, S-/U-BAHNEN JUNGFERNSTIEG

Der Hygieia-Brunnen im Ehrenhof des Rathauses

HYGIEIA-BRUNNEN
HAMBURGER RATHAUS
20095 HAMBURG
TÄGLICH 7 - 19 UHR

»Kurze Wege« zwischen Politik und Wirtschaft – so lautete das Motto beim Neubau des Hamburger Rathauses nach dem Großen Brand von 1842. Deshalb errichtete man es direkt neben der Börse. Verbunden sind beide Gebäude durch einen windgeschützten Innenhof im Stil der Renaissance. Als Schmuckstück war ein sprudelnder Brunnen vorgesehen, der von Merkur gekrönt werden sollte, dem antiken Patron der Händler und Lieblingsgott der Hamburger Senatoren und Kaufleute. Die Skulptur war bereits bestellt, da wurde sie 1896 klammheimlich durch eine weibliche Statue ersetzt, für die sich die Hanseaten bisher nicht begeistert hatten: Hygieia,

die griechische Göttin der Gesundheit.
Vorangegangen war 1892 eine der größten Katastrophen in der Geschichte Hamburgs: eine Choleraepidemie, an der mehr als 16 000 Menschen erkrankten und über 8000 starben. Verbreitet hatte sich die Krankheit außerordentlich rasch über Hamburgs marodes Trinkwassersystem. Während das Rathaus mit viel Geld immer prunkvoller ausgestattet wurde, hatte sich der Senat zur selben Zeit geweigert, eine moderne Wasserfilteranlage zu finanzieren. Als sich die Stadtoberen dann die kostbare Merkur-Skulptur leisteten, brach ein Proteststurm los. Selbst Bürgerliche prangerten jetzt die schmutzige Vermengung von Politik und Wirtschaft an.
In dieser Lage hatte Rathausarchitekt Martin Haller die – für den Senat – rettende Idee: ein Denkmal, das den Sieg über die Cholera feiert, mit der Göttin der Gesundheit an der Spitze, die die Krankheit – symbolisiert durch ein Ungeheuer – mit den Füßen zermalmt. Der Münchener Bildhauer Joseph von Kramer entwarf eine Skulptur, die allerdings vielfach verändert wurde: Zuerst verkleinerte man das Cholera-Ungeheuer, dann tilgte man die Jahreszahl 1892, bis schließlich kaum noch etwas an die Schmach und Schuld des Senats erinnerte. Stattdessen schmückte sich das Rathaus jetzt mit dem Sieg über die Cholera, obwohl die Politiker die Krankheit durch unzureichende sanitäre Maßnahmen selbst mitverantwortet hatten.
Seit 2001 ist der Innenhof des Rathauses für die Öffentlichkeit zugänglich. Wenn wir den Hygieia-Brunnen mit seinen sprudelnden Wasserkaskaden heute anschauen, sehen wir nicht zuerst ein Denkmal der Schande, sondern eine Feier des Wassers als Lebenselixier der Stadt.

4

U 3 RATHAUS, S-/U-BAHNEN JUNGFERNSTIEG

Lunchkonzerte in der Börse

Nur noch selten spielt hier die Musik: einmal im Monat bei den »Lunchkonzerten« in der Hamburger Börse. Wo einst im Sekundentakt Riesensummen den Besitzer wechselten, ist es heute meist still und leer, seit der Handel per »Zuruf und Zettel« durch Computer abgelöst wurde.
1841 am Adolphsplatz gebaut, zeugt der prächtige Bau noch heute vom Selbstbewusstsein der Hanseaten zur Zeit des großen Aufstiegs der Stadt im imperialen Seehandel – selbst auf der Rückseite. Dort finden sich neben den Wappen wichtiger Hafenstädte Hinweise auf alle fünf Kontinente – die ganze Welt wird zum Raum der kaufmännischen Tätigkeit Hamburgs.

BÖRSENSAAL DER HANDELSKAMMER
HAMBURG
ADOLPHSPLATZ 1
20457 HAMBURG

LUNCHKONZERTE EINMAL IM MONAT
AM DONNERSTAG 12.30 - 13 UHR
KAMMERKUNST.DE
RECHTZEITIG KOMMEN!

Innen haben sich die Kaufleute ein Ambiente schaffen lassen, das es mit jeder Adelsresidenz aufnehmen kann: Lichtdurchflutete hohe Räume in Weiß und edlem Blaugrau mit Arkadenfenstern ringsum veredeln den Ort schnöden Kaufens und Verkaufens zum Fest- oder Ballsaal. Dass es ein Privileg war, hier zu arbeiten, zeigen die Namensschilder der Händler und Firmen, die zur Börse zugelassen waren. An den vielen abgeschabten Holzbänken mit Fußstützen an den Wänden und um die Säulen herum lässt sich aber auch ablesen, dass hier einst hart gearbeitet wurde.

Die hohen schmalen Holzbänke waren nicht zum Verweilen gedacht, dazu sind sie zu unbequem. Für das Musikvergnügen der Lunchkonzerte reicht der Komfort allerdings aus. Bei Klängen von Mozart oder Brahms kann man sogar die einstige Funktion als Börse vergessen. An die Schnelligkeit des Börsenhandels erinnert nur noch, dass die Konzerte nie länger als dreißig Minuten dauern. Dafür ist der Musikgenuss kostenlos.

5

U 3 RATHAUS, S-/U-BAHNEN JUNGFERNSTIEG

Die Seetonne in der Handelskammer

Nur das beste Eichenholz kam in Frage, dazu das besonders widerstandsfähige Schwedeneisen: Die Bauvorschriften für Hamburger Seetonnen waren streng, denn diese sorgten für die Sicherheit der Schiffe auf der gesamten Unterelbe. Die zwei Meter hohen kegelförmigen Tonnen begrenzten die Fahrrinne, zeigten die Elbmündung an, vor allem aber markierten sie Untiefen und tückische Sandbänke. Das war fundamental für die Hamburger Kaufleute, denn sie konnten nur gute Geschäfte machen, wenn die Schiffe unversehrt in den Hafen und wieder hinaus gelangten.
Das älteste erhalten gebliebene Exemplar ist in der Hamburger

HANDELSKAMMER HAMBURG
ADOLPHSPLATZ 1
20457 HAMBURG

TEL. 040 36 13 81 38
MO - DO 9 - 17 UHR, FR 9 - 16 UHR

Handelskammer ausgestellt. Ihr Holz stammt aus dem Jahr 1667, gebaut wurde sie etwas später. Dass sie ausgerechnet an diesem Ort gezeigt wird, ist kein Zufall. Der Vorläufer der Interessenvertretung der Kaufleute, die Commerzdeputation, wurde fast zur selben Zeit, nämlich 1665, als Schutz gegen Piraten gegründet und setzte sich von Anfang an energisch beim Senat für Bau und Pflege der Seetonnen ein. Dafür beteiligte man sich sogar an den hohen Kosten: Für den Preis von sechs Tonnen hätte man ein 15 Meter langes Frachtschiff mit 36 Tonnen Tragfähigkeit bauen können. Gefunden wurde die Tonne 1999 bei Baggerarbeiten in der Nähe der berüchtigten Blankeneser Barre, wo sie mehr als 300 Jahre lang 15 Meter tief im Sand lag.

Seit 2010 gehört die Seetonne zu den Prunkstücken, die die Handelskammer in ihrem »Haus im Haus« zeigt, einem aufregenden Innenbau in ihrem alten Gebäude. Fünf filigrane Stockwerke nur aus Glas und Stahl, selbst die Böden. Unten finden wechselnde Kunstausstellungen für die Öffentlichkeit statt. Ganz oben bietet die Merkur-Terrasse einen spektakulären Blick auf die Rathausdächer – leider nur für Mitglieder des exklusiven Börsenclubs.

6

U 3 RATHAUS, S-/U-BAHNEN JUNGFERNSTIEG

Das Heine-Denkmal

Kann man das Geschenk einer Kaiserin ablehnen? Die österreichische Kaiserin Sissi wollte 1891 der Hansestadt eine Heinrich-Heine-Statue vermachen. Ihr Lieblingsdichter aber war den Hamburgern so verhasst, dass sie das Geschenk empört zurückwiesen. Ein Jude und Vaterlandsverräter, so der Senat, sollte in ihrer Stadt nicht geehrt werden. Und vielen Bürgern klangen noch die Verse im Ohr, mit denen Heine sie einst verspottet hatte: »Seit ich diesen Menschenkehricht wiederseh, und dieses Wetter!«
Das Verhältnis zwischen Heine und Hamburg war von Anfang an schwierig. Zwar lebte er fast acht Jahre hier, nie aber fühlte

RATHAUSMARKT / ECKE GROSSE JOHANNISSTRASSE
20095 HAMBURG

er sich wirklich heimisch – außer vielleicht, wenn er im Austernkeller schlampampte oder auf dem Jungfernstieg hübschen jungen Hamburgerinnen hinterhersah. Bereits die Banklehre 1816 bei seinem Onkel Salomon Heine, »Hamburgs Rothschild«, taugte ihm nicht. Sein erstes eigenes Geschäft für englische Manufakturwaren, die Firma Harry Heine & Co., ging 1819 nach kurzer Zeit pleite. Der Onkel finanzierte ihm sogar noch ein Jurastudium. Doch der Neffe wollte lieber Dichter sein – in den Augen des erfolgreichen Salomon Heine eine unmögliche Berufswahl: »Hätte der dumme Junge was gelernt, so brauchte er nicht zu schreiben Bücher.« Immer wieder kam es zum Streit, Heinrich war auf das Geld angewiesen und verachtete doch Onkel und Hansestadt.

Dass dennoch alle seine Bücher in Hamburg erschienen, zeigt eine andere Seite der Stadt. Hier, wo die sonst strenge Pressezensur nur lax gehandhabt wurde, konnte Verleger Julius Campe es wagen, Heines kritische Reisebilder und Politsatiren zu verlegen. In Preußen dagegen waren alle seine Werke verboten. Doch am Ende des 19. Jahrhunderts galt der Dichter auch in der Hansestadt als »Schmutzfink im deutschen Dichterwald«, wie Wilhelm II. ihn nannte.

Das Heine-Denkmal, das die Hamburger damals abgelehnt hatten, gelangte auf verschlungenen Wegen dennoch in die Stadt: Der Sohn des Verlegers Campe erwarb es nach Sissis Tod und stellte es 1910 im Hof eines Kontorhauses in der Mönckebergstraße auf. Jeden Tag mussten also Banker und Kaufleute an Heine vorbei in ihre Büros. Doch immer wieder wurde der Marmor mit antisemitischen Hetzereien beschmiert, sodass die Skulptur schließlich mit einem Bretterzaun geschützt werden musste – von der Presse fies als »Schutzhaft« tituliert. Erst der liberale Altonaer Bürgermeister Max Brauer ließ das Denkmal

1927 wieder öffentlich in Donners Park an der Elbe aufstellen. Doch auch dort blieb es nicht lange. Als die Nationalsozialisten an die Macht gelangten, wurde es von Heines Erben in Sicherheit gebracht und befindet sich heute in Toulon. Mehrere Versuche, die Statue nach Hamburg zu holen, scheiterten.

Seit 1982 gibt es allerdings ein offizielles Heine-Denkmal an repräsentativem Ort: auf dem Rathausmarkt. Man übersieht die Skulptur leicht, denn sie ist weder aus leuchtendem Marmor, noch stellt sie Heine in pathetischer Dichterpose dar. Die zartgliedrige Bronzestatue von Waldemar Otto zeigt den Dichter stehend, mit aufgestützten Ellenbogen und kritischem, vielleicht sogar sehnsüchtigem Blick in Richtung Rathaus. Kein Auftrumpfen, keine Empörung, sondern ein stiller Einspruch gegen Selbstgefälligkeit und Profitdenken. Und eine Erinnerung daran, dass Hamburg – trotz Kommerz – immer auch bedeutende Literatur ermöglicht hat.

7

U 3 MÖNCKEBERGSTRASSE, METROBUS 5 GERHART-HAUPTMANN-PLATZ

Der Bischofsturm in der Backhus-Filiale

DAT BACKHUS
SPEERSORT 10
20095 HAMBURG

MO - FR 7 - 18.30 UHR
SA 7 - 18 UHR
TEL. 040 30 37 40 63

Mitten in der Innenstadt kann man sich auf eine doppelte Zeitreise begeben: im Keller der Filiale von »Dat Backhus«. Eine Treppe aus Glas und Stahl führt hinunter in ein Café mit Retrocharme: weiße Tische mit grünen Stühlen in rasanter Zackenform, die berühmten *Panton Chairs*, die der Däne Verner Panton 1959 erfunden hatte. Damals waren die Freischwinger aus Kunststoff revolutionär, inzwischen gehören sie zu den Designklassikern des 20. Jahrhunderts.

Noch viel tiefer in die Vergangenheit führt der Steinkreis rund um die avantgardistischen Sitzmöbel: riesige Brocken mit rauher Oberfläche, dazwischen

kleinere Steine, zum Leuchten gebracht durch indirektes Licht. Das ist weder Feng Shui noch Land Art, sondern Hamburgs bedeutendstes und ältestes Baudenkmal in der City: Diese Steine gehören zum sogenannten Bischofsturm, dem Fundament eines gewaltigen mittelalterlichen Turms, das man hier 1962 bei der Beseitigung von Trümmerschutt ausgegraben hatte. Ein sensationeller Fund, denn aus Hamburgs Anfängen ist kaum etwas erhalten.

Lange hielt man die Steine für einen Teil der Residenz des Erzbischofs Bezelin Alebrand (Amtszeit: 1035-43), daher der Name. Neuere Forschungen ergaben jedoch, dass die Findlinge erst aus dem späten 12. Jahrhundert stammen. Auch gehörten sie nur zu einem Wehrturm des Heidenwalls, der ältesten Befestigungsanlage der Stadt. Eher profan also. Aber sie befinden sich an einem geschichtsträchtigen Ort. Ganz in der Nähe – auf dem heutigen Domplatz – lag die Hammaburg, die erste Siedlung, die der Stadt ihren Namen gab.

Das war – wie die Archäologen heute vermuten – zunächst nur ein kleiner Handelsplatz, der um das Jahr 800 mit Erdwällen und

Holzbarrikaden befestigt wurde. Eine Kirche fehlte ganz, bis Bischof Ansgar 831 einen Dom und ein Kloster als Bollwerk gegen die Heiden errichtete. Doch bevor er von hier aus die Ungläubigen des Nordens missionieren konnte, zerstörten die Wikinger 845 die Hammaburg. Der Bischof floh nach Bremen, die Siedler aber blieben und bauten den später immer wieder verstärkten Heidenwall – vielleicht sogar mit dem Holz und Erdresten der Hammaburg.

Obwohl viele Fragezeichen bleiben, eins ist gewiss: Beim Bischofsturm handelt es sich um die ältesten Steinreste Hamburgs. Als 2008 bei der Neugestaltung des gesamten Areals ausgerechnet an dieser Stelle ein neues Bürogebäude mit Backshop errichtet wurde, hagelte es deshalb Kritik. Rainer-Maria Weiss, Landesarchäologe der Stadt Hamburg, focht das nicht an. Zusammen mit Heinz Bräuer, dem Inhaber der Bäckerei, richtete er hier 2012 eine »Außenstelle des Archäologischen Museums« ein. »Ein echter Glücksfall«, kommentiert Professor Weiss die ungewöhnliche Kooperation.

Die Archäologen ergänzten den Steinring durch wenige gut ausgewählte Exponate: ein Modell des Turms und Tongefäße, dazu Nachbildungen zweier Domglocken, die hier in der Nähe vor tausend Jahren gegossen worden sind. Und als kleine Referenz an die Bäckerei eine Schale mit verkohltem Getreide aus dem 12. oder 13. Jahrhundert. Herr Bräuer stattete das Café mit Hilfe des Hamburger Architekten André Poitiers, der auch andere Filialen der Backkette gestaltet hat, mit skandinavischen Möbelklassikern aus. Statt wie vor tausend Jahren im Turm die Siedlung gegen Dänen zu verteidigen, sitzt der Gast heute ganz bequem inmitten der uralten Steine – auf dänischen Designerstühlen.

Neustadt

8

S1 / S3 STADTHAUSBRÜCKE

Der Micheltürmer

»Solange es Möwen und den Turmbläser von St. Michaelis gibt, so lange geht es nicht abwärts,« heißt es in Hamburg seit dreihundert Jahren. Zwar ging es seither doch manchmal abwärts, aber eines stimmt: Seit dem 18. Jahrhundert überdauert in der Hansestadt eine in Europa fast einzigartige Tradition: Täglich morgens und abends erklingt ein Choral vom Michel herab, am Sonntag nur mittags. Jeden Tag steigt der Michel-Türmer die 279 Stufen hinauf zum Türmerboden, öffnet die Fenster und bläst mit seiner Trompete reihum in alle vier Himmelsrichtungen ein Kirchenlied »zum Lobe Gottes, den Menschen zur Freude«, wie eine Tafel am Turmaufgang vermerkt.

ST. MICHAELIS
CHORAL: TÄGLICH UM 10 UND UM 21 UHR,
SONNTAGS UM 12 UHR

NACHTMICHEL:
EINGANG ENGLISCHE PLANKE 1A, TOR 2
INFORMATIONEN ÜBER AKTUELLE
ÖFFNUNGSZEITEN:
WWW.NACHTMICHEL.DE

Die musikalische Verkündigung der Botschaft des Herrn kam gut an, denn die Hanseaten waren seit je musikbegeistert. Bisher wurde dieser besondere Brauch noch nie unterbrochen. Als der Turm 1906 abbrannte, stellte man eigens ein Gerüst für den Trompeter auf. Selbst im Zweiten Weltkrieg spielte der Michel-Türmer tapfer jeden Tag, auch wenn rechts und links Bomben niedergingen. Klar, dass die Hamburger ihre Turmbläser immer verehrten.

Seit über zwanzig Jahren versehen die Musiker Horst Huhn und Joseph Thöne das wichtige Amt. Ganz leger kommen sie in Jeans, gern mit dem Fahrstuhl, um Puste zu sparen. Doch ihre musikalische Mission nehmen sie so ernst wie alle ihre Vorgänger. Wer sie oberhalb des Verkehrslärms hören will, besucht am besten den »Nachtmichel«. Bis Mitternacht kann man – allerdings gegen ein gepfeffertes Eintrittsgeld – den Turm außerhalb der normalen Öffnungszeiten besteigen. Doch allein der nächtliche Rundumblick von oben ist überwältigend. Wenn dann die Töne des Turmbläsers heraufklingen, kommt ein Kirchenlied lang ein Gefühl auf, das man in Hamburg nicht oft hat: in eine andere, dreihundert Jahre zurückliegende Zeit versetzt zu sein.

9

S 1 / S 3 / S 11 STADTHAUSBRÜCKE, U 2 GÄNSEMARKT

Hummel, Hummel, Mors, Mors

Der Wasserträger Hummel ist einer der berühmtesten Hamburger Originale. Legendär seine Kurzantwort »Mors, Mors« an die frechen Kinder der Neustadt, wenn sie ihn wieder einmal ärgerten und ihm »Hummel, Hummel« hinterherriefen. Die Wendung gehört jedenfalls zu den geflügelten Worten der Hansestadt. Eigentlich hieß er Johann Wilhelm Bentz (1787-1854) und muss ein grantiger, missmutiger Mensch gewesen sein, der sein schweres Amt, Wasser in das verruchte Armeleutegebiet der Gängeviertel zu tragen, nicht besonders gern mochte. Diese engen Gänge, dieser Gestank und dann noch diese frechen Gören. Aber irgendwie hat er es damit

MEMELHAUS
ECKE RADEMACHERGANG / BREITER GANG
20355 HAMBURG-NEUSTADT

zum Status eines Hamburger Originals gebracht. Seine Popularität machte ihn für die Nationalsozialisten interessant, als sie ab 1933 das letzte große zusammenhängende Gängeviertel sanierten. Dieses Vorhaben diente vor allem dazu, in einem »Kommunistennetz« aufzuräumen und politische Gegner zu beseitigen. Nach außen wurde dies als Fortschritt verkauft: Ein lichtes, großzügiges Viertel sollte hier entstehen, »gesundes« und heimatverbundenes Leben in hygienischeren Verhältnissen ermöglicht werden.
Da kam den Nazis ein Vorschlag des Vereins geborener Hamburger gerade recht. Der Verein, der sich seit 1897 den Schutz städtischer Kultur gegen die Quiddjes (= Fremde, Nicht-Plattdeutsch-Sprechende) auf die Fahnen geschrieben hatte, wollte 1937 auf dem Platz in dem Neubaugebiet ein Hummel-Denkmal aufstellen. 10 000 Menschen feierten 1938 die Eröffnung des Denkmals als »Ausdruck unseres Volkstums« – ein Beispiel dafür, wie geschickt sich die Nationalsozialisten der Heimatliebe und lokaler Traditionen in Hamburg bedienten. Schöpfer des Denkmals war der Bildhauer Richard Kuöhl, der seit

den 1920er Jahren ganz Hamburg mit Bauskulpturen und Denkmälern geschmückt hatte – viele davon für Bauten Fritz Schumachers – und nun von den Nazis gefeiert wurde. Als Material verwendete Kuöhl Muschelkalk, wie schon zuvor für das – immer noch dort stehende und umstrittene – Kriegerdenkmal am Dammtor.
Auch baulich stehen die Gebäude im Rademachergang in Kontinuität zu den Bauten der Schumacher-Ära. Es handelt sich nicht um ein neues faschistisches Bauen, sondern eher um eine Anknüpfung an den »zeitlosen« hanseatischen Heimatstil mit Backstein, um sich so mit äußeren Zeichen hamburgische Legitimität zu sichern. Allenfalls nahm man leichte Abwandlungen vor, baute etwas niedriger oder – durch die Satteldächer – kleinstädtischer.

Zum Ensemble am Rademachergang gehört auch das Memelhaus, das die Schiffszimmerergenossenschaft hier noch 1935 bauen durfte. Dazu beigetragen hat vielleicht auch der Name, der die Großmachtspläne der Nazis bediente, aber eigentlich nur auf eine Werft verwies, die die Genossenschaft selbst einst in Memel gegründet hatte. Das Gebäude passt zur Umgebung, auch der Bauschmuck ist darauf abgestimmt. Denn an der Ecke ist – als Antwort auf das Hummel-Denkmal – eine Kinderfigur angebracht, die dem Wasserträger den nackten Hintern zeigt. Die Stein gewordene Konversation stellt möglicherweise mehr dar als bloße Folklore. Man kann sie auch auf die verlogene Heimatpolitik der Nazis beziehen. Denn »Mors, Mors« ist die plattdeutsche Kurzform für »Leck mich am Arsch«.

10

S1/S3 STADTHAUSBRÜCKE

Der Tempel in der Poolstraße

TEMPEL IM HINTERHOF
POOLSTRASSE 12/13 (GEDENKPLAKETTE)
20355 HAMBURG-NEUSTADT

Tempelreste in Hamburg? Mitten in der Neustadt, in einem Hinterhof der Poolstraße, stößt man auf Eingang und Apsis eines Tempels, den die jüdische Reformgemeinde 1842 hier bauen ließ. Der Name klingt altmodisch, war aber im Hinblick auf traditionelle Synagogen Programm. Nicht weniger als eine völlige Reform jüdischen Gottesdienstes und jüdischen Lebens verband der »Neue Israelitische Tempelverein« mit diesem Neubau. Heraus aus dem Ghetto und Anpassung an das moderne Leben, lautete die Devise.

Gegründet wurde der Verein 1817, beseelt vom Fortschrittsdenken der Aufklärung, die auch das jüdische Leben verändern

sollte, so der Wunsch der damals 65 Mitglieder. Die meisten von ihnen arbeiteten als Geschäfts- und Kaufleute, hatten viel Kontakt mit Nichtjuden und wollten selbstbewusst zur Hansestadt dazugehören. Ihr Leben sollte jetzt stattfinden und nicht erst, wenn einst in Jerusalem wieder ein Tempel errichtet wäre. Deshalb sollte auch der Tempel hier vor Ort stehen. Darüber gab es heftige Auseinandersetzungen mit den orthodoxen Juden, den ersten Hamburger Tempelstreit. Schließlich wurde das Gotteshaus mit Platz für 700 Menschen 1844 eingeweiht. Architektonisch war der Bau eine Mixtur aus zwei orientalischen Minarett-Türmchen und einer gotischen Kirche. Anders als traditionelle Synagogen verfügte er über einen gemeinsamen Eingang für Männer und Frauen und einen nichtvergitterten Frauenraum im ersten Stock. Die Reformen des Gottesdienstes, im Hamburger Tempelgebetbuch niedergelegt, wurden zum Vorbild für Reformgemeinden bis in die USA. Vieles hatten sich die Hamburger Juden dabei von ihren protestantischen Kollegen abgeschaut, sie ließen zum Beispiel als Referenz an die Hamburger Kirchenmusik eine Orgel einbauen. Die Liturgie wurde rigoros gekürzt, die Predigt auf Deutsch gehalten und statt Bar-Mizwa eine Art jüdische Konfirmation eingeführt. Als

Zugeständnis an das moderne Leben gab es neben dem klassischen frühabendlichen Freitagsgottesdienst einen zweiten, späteren, wenn die Geschäftsleute ihre Büros verließen.
Nachdem der Bau im Zweiten Weltkrieg fast ganz zerstört wurde, erinnern heute – in Koexistenz mit einer kleinen Autowerkstatt – nur noch der Eingang und die Apsis an einen wichtigen Ort des ehemaligen religiösen Lebens in Hamburg.

11

U 2 GÄNSEMARKT

Das Gängeviertel

»Wenn man nödelt, weil man jemanden überreden will, weil man wartet, dass einer nachkommt, weil man gammelt, nur so langsam geht, weil man jemanden beobachtet, braucht man fünf Minuten von der Palette bis zum Gänsemarkt.« Die »Palette« war eine schmuddelige Souterrainkneipe in der ABC-Straße, in der Penner, Prostituierte, Trinker, Nichtstuer verkehrten – und Hubert Fichte, der sie zum Schauplatz seines 1968 erschienenen, gleichnamigen Romans machte. Nödeln und Gammeln waren für die meisten Hamburger, die in den nahe gelegenen Büros der City arbeiteten, des Teufels, und von der Unter- und Halbwelt mitten im Zentrum Hamburgs er-

GÄNGEVIERTEL
VALENTINSKAMP
20355 HAMBURG
DAS-GAENGEVIERTEL.INFO
GAENGEVIERTEL-EG.DE

BUCHTIPP

GÄNGEVIERTEL E. V. (HG.), *MEHR ALS EIN VIERTEL. ANSICHTEN UND ABSICHTEN AUS DEM HAMBURGER GÄNGEVIERTEL*, HAMBURG / BERLIN 2012

fuhren sie – wenn überhaupt – erst durch Fichtes Buch.
45 Jahre später ist die Gegend von Gänsemarkt bis Kaiser-Wilhelm-Straße und ABC-Straße luxussaniert. Die Kneipe gibt es längst nicht mehr, stattdessen stehen hier ein Hotelkomplex, teure Läden und einschüchternde Bürohochhäuser aus Glas und Stahl – bis auf spärliche Überbleibsel des berühmten Gängeviertels. Vor 100 Jahren bedeckte es mit seinem Gewirr aus engen Gassen und Fachwerkhäusern, in denen vor allem Arbeiterfamilien wohnten, die gesamte Innenstadt. Heute besteht es nur noch aus gut einem Dutzend Häusern, Fabrikgebäuden und dunklen Durchgängen zwischen Speckstraße, Caffamacherreihe, Valentinskamp und Bäckerbreitergang.
»Komm in die Gänge«, hieß das Motto eines großen Kunstfestes im August 2009, als es eigentlich schon zu spät war. Denn die Häuser, auf die man aufmerksam machen wollte, waren längst an einen holländischen Investor verkauft und sollten demnächst abgerissen werden – für weitere anonyme Bürotürme und Shoppingzeilen. Doch die Initiatoren ließen sich nicht abschrecken, gewannen Künstler, Theater- und Museumsleute und veranstalteten eine Party, wie sie Hamburg noch nicht gesehen

hatte. Es gab Performances, Bilder, Musik, eine Volxküche, mittendrin lief ein Film über »Die Palette«. Über 3000 Hamburger kamen an dem Wochenende. Nicht alle blieben, aber genug, um die Häuser zu besetzen.

Die Forderungen der Besetzer nach billigem Wohnraum und bezahlbaren Ateliers für Künstler stießen auf offene Ohren. Bereits im Dezember 2009 kaufte die Stadt das Gebiet vom Investor zurück. In langen Verhandlungen setzte eine eigens gegründete Genossenschaft durch, dass das Viertel seit September 2013 für 20 Millionen Euro saniert wird. Die Sanierung soll bis 2021 dauern. Hinter dem überraschenden Einlenken des Senats steckte auch das Kalkül, dass solche Ecken für den neuen großen Wirtschaftszweig Tourismus wichtiger sind als noch ein leer stehendes Bürogebäude. Die einst hart umkämpften besetzten Häuser in der Hafenstraße und die »Rote Flora« gehören heute zu den beliebtesten Hamburg-Wahrzeichen, bei denen Stadtrundfahrten einen Extrastopp einlegen. Auch im Gängeviertel sieht man inzwischen viele Touristen. Gerade diejenigen, auf die die Hamburger Eliten immer herabschauten – Künstler, »Nichtstuer« und Protestler –, sorgen heute dafür, dass die Stadt lebendig bleibt.

12

U 1 STEPHANSPLATZ

Der japanische Garten in Planten un Blomen

Hamburg ist eine Stadt am Fluss, sie liegt sogar an mehreren Flüssen: Elbe, Alster und Bille sind seit je ihre Lebensadern. Für Hamburger bedeutet ein Fluss Geschäftigkeit, Geldverdienen, Handel und Wandel. Eine ganz andere Idee vom Fluss erleben wir im Japanischen Garten in »Planten un Blomen«: eine aufs Wesentliche konzentrierte Flusslandschaft, eine Oase der Ruhe mitten in der City. Die Idee stammt vom berühmten Landschaftsarchitekten Yoshikuni Araki. Auf 2000 Quadratmetern schuf er hier 1988 den größten japanischen Garten Europas in der tausendjährigen Tradition der Zen-Kunst, fremd und faszinierend zugleich.

PLANTEN UN BLOMEN
EINGANG STEPHANSPLATZ
20354 HAMBURG

Eingestimmt werden wir schon am Parkeingang an der U-Bahn Stephansplatz durch mehrere japanische Zierkirschen, die im April verschwenderisch rosa blühen – ein Hinweis auf Schönheit und Vergänglichkeit (übrigens auch des Ortes selbst – früher befanden sich an dieser Stelle die alten Friedhöfe Hamburgs). Auf die spätere Geschichte des Ortes verweist die Platane, die 1821 bei Gründung des Alten Botanischen Gartens in der Nähe des heutigen Eingangs Dammtor gepflanzt wurde.

Direkt vor uns liegt ein kleiner flacher See mit Kieselsteinen, in den sich über mehrere Steinstufen ein Bach ergießt. Wasser und Wasserfall – so die Idee – öffnen den Blick des Betrachters und machen ihn aufgeschlossen für Neues. Auf der kleinen Meditationsplattform wird man jedenfalls durch das beruhigende Plätschern im Nu mitten aus dem Verkehrslärm an einen anderen Ort versetzt, wo Alltagsmaßstäbe ihre Gültigkeit verlieren. Man braucht allerdings etwas Muße und Zeit. Doch es lohnt. Von hier aus wirkt der Garten wie ein Gemälde und ist auch entsprechend aufgebaut, ein Blickraum mit tatsächlicher Tiefe. Man weiß nicht, woher das Wasser kommt, man hört und sieht nur seine unendliche Bewegung. Alles wirkt wie zufällig und natürlich, ist aber Ergebnis sorgfältiger, kunstvoller Planung, bei der jedes Detail – angefangen von den Steinen bis zu Büschen und Bäumen – eine streng festgelegte Bedeutung hat und sich in eine wohl komponierte Ordnung von Flächen und Körpern einfügt. Moose und Farne bilden die seitliche Begrenzung, darüber symbolisieren abstrakt wirkende Schwarzkiefern gezackte Felsen, während rund geschnittene Buchsbäume und Azaleen sanfte Hügel darstellen.

Verlässt man den Aussichtspunkt und geht auf verschlungenen Wegen über filigrane Holzbrücken, überraschen immer wieder neue Aussichten, besonders schön im Herbst, wenn Ahorn und Ginkgo in vielen Rot- und Gelbschattierungen leuchten. Auch wer nicht alle Bedeutungen von Wasser, Stein, Pflanzen und Farben in der japanischen Gartenphilosophie versteht, kann das Meisterwerk genießen und ist für einige Momente der alltäglichen Hetze entrückt. Im Sommer vervollständigen Teezeremonien, die in einem Teehaus angeboten werden, die Lektion der Langsamkeit.

Schanzenviertel und St. Pauli

13

U 3 / S 1, S 31 STERNSCHANZE, U 3 FELDSTRASSE

Das Café unter den Linden

CAFÉ UNTER DEN LINDEN
JULIUSSTRASSE 16
22769 HAMBURG

TÄGL. 9.30 - 1 UHR
TEL. 040 43 81 40
WWW.CAFE-UNTER-DEN-LINDEN.DE

Als das »Café unter den Linden« 1982 in der Juliusstraße eröffnet wurde, begann gerade erst der Aufstieg des Schanzenviertels zum Szenequartier. Hier in dieser Gegend etablierten sich die ersten Kneipen und Bars: Ein paar Schritte weiter, an der Ecke zur Stresemannstraße, eröffnete die Punk- und New-Wave-Kneipe »Subito«, die 1983 durch Rainald Goetz' Skandallesung beim Ingeborg-Bachmann-Wettbewerb bundesweit bekannt wurde. Im »Kir« in der Max-Brauer-Allee traten die neuen Hamburger Popgruppen auf, komplettiert wurde das sogenannte »Bermuda-Dreieck« des Nachtlebens in der Schanze durch das »Luxor«.

Damals war das Schanzenviertel Sanierungsgebiet und Spekulationsobjekt. Das *Hamburger Abendblatt* nannte es »verkommen«. Nach Plänen des Senats sollten ganze Straßenzüge wie Vereinsstraße und Lindenallee für eine Stadtautobahn plattgemacht werden. Bis 1978 wurden 400 Häuser abgerissen, aber die Autobahn wurde nicht gebaut. Das lag auch am Widerstand des Viertels, an dem sich Studenten, Künstler und Punks beteiligten, die seit Ende der 1970er Jahre hierher gezogen waren und sich im Protest gegen autoritäre Verhältnisse einig waren.

Auch die Gründer des Cafés, acht junge Leute, Sozialarbeiter und Pädagogen, wollten einen Ort ohne Hierarchie, an dem Besitzer, Gäste und Bedienung gleichrangig sein sollten. Einen Ort mit vielen Zeitungen, zum Kennenlernen und zum intellektuellen Austausch über herrschende Verhältnisse, über die man an den kleinen Tischen drinnen wie draußen leicht ins Gespräch kommen konnte. Die Karte war klein, der Kaffee gut, ein Eiskonfekt gratis dabei. Zugleich bot das Café eine Bühne für schöne Kellner und Kellnerinnen, die eigentlich etwas anderes machten und das die Gäste auch spüren ließen.

Das »Subito« schloss bereits Anfang der 1990er Jahre, das »Luxor« 2014. Das legendäre »Kir« ist nach Altona gezogen. Die neuen Szenebars haben sich unter der Sternbrücke konzentriert, Kaffee in der modernen Form des »Galao« trinken die Massen auf dem Schulterblatt. Das Café unter den Linden aber hat überlebt. Die Räume sind kaum verändert, vorn mit dem Charme einer italienischen Eisdiele, hinten versprühen die kleinen intimen Gemächer nostalgisches Flair. Immer noch ist es voll, jetzt kommen aus den umliegenden PR-Agenturen viele auf einen schnellen Mittagssnack und einen Latte. Aber noch immer kann man hier vier Stunden lang vor einem einzigen Kaffee sitzen – am schönsten draußen unter den schattigen Linden, die dem Café den Namen gaben. Verglichen mit dem Trubel auf dem Schulterblatt ist es ruhig hier. Kein großes Theater und Schaulaufen, aber auf der kleinen Kreuzung davor gibt es immer wieder etwas zu sehen – Radfahrer, Fußgänger, Autofahrer und kleine Verkehrsirritationen, von allen aufmerksam beobachtet. Immer noch muss man gelegentlich warten, bis Kellner und Kellnerinnen ein Gespräch untereinander beendet haben. Darin hat etwas vom Widerstandsgeist des alten Schanzenviertels überlebt, was zum spröden Charme des Cafés beiträgt. Die Gäste tolerieren es jedenfalls oder mögen es sogar – wie Albrecht Schnitzer, Dichter und Stammgast seit den Anfängen: »Mir ist ein dreister Kellner lieber als ein devoter.«

14

U 3 FELDSTRASSE

Universo Tango am Neuen Pferdemarkt

Das Universo Tango ist nicht leicht zu finden: ein niedriger Durchgang, der in einen engen Hinterhof führt, eine Treppe hinauf, dann wieder hinab in einen winzigen Vorraum. Raus aus den Alltagsstiefeln, rein in die Tanzschuhe: Einfach macht es einem die Tangowelt nicht, in ihr Universum einzutreten.
Genauso fremd fühlten sich einst die europäischen Auswanderer in Argentinien, arm, ausgesetzt und abgeschoben in die elenden Vorstädte. Zu den sehnsüchtigen Klängen des Bandoneons erfanden sie dort aus Polka, Mazurka und Schieber den Tango Argentino. Ocho, Barrida, Gancho, Balzen, Stolpern, Rangehn: Mehr als konventionelle Schritte drücken

UNIVERSO TANGO
BEIM GRÜNEN JÄGER 6A
20359 HAMBURG

TEL. 040 43 06 168
WWW.UNIVERSOTANGO.DE
MILONGA: DI AB 21 UHR

sie ein Lebensgefühl aus. Oft ist es traurig, für Momente aber auch höchstes Glück. Drei Tänze lang innige Umarmung, bevor man sich wieder trennt.
Lange vergessen, ist der Tango heute aktueller denn je. Heimatlosigkeit und Unsicherheit allerorten, vor allem in der Liebe, machen ihn anziehend für moderne Großstadtmenschen. In Hamburg begann seine Wiederentdeckung genau hier: In diesem Hinterhof am neuen Pferdemarkt eröffnete 1987 das erste Tango-Lokal, »Tango Exil«. Der Anklang war so groß, dass Gründer Rudolf Gutzmann bald Alejandro Sanguineti aus Buenos Aires als Lehrer engagieren konnte. 1997 übernahm der Argentinier das Lokal zusammen mit José Gordóbol und nannte es fortan »Universo Tango«.
Jeden Dienstag trifft man sich seither zur Milonga, wie die Tanzabende für alle heißen. Die Beleuchtung ist schummrig, Elektro-Tango kommt nicht auf den Plattenteller, nur die alten Tango-Klassiker. Nirgendwo in Hamburg wird der Tango Argentino so stilvoll zelebriert wie hier. Dafür sorgt Maestro Sanguineti, der die Tradition hochhält. Das gilt auch für die Location. Vieles ist bewusst nicht modernisiert, sondern lässt die Spuren des früheren Gebrauchs erkennen – wie die gusseisernen Säulen auf der Tanzfläche. Sie gehörten einst zu Pferdeboxen. Im 19. Jahrhundert lag hier – der Ortsname zeigt es an – der Neue Pferdemarkt mit Pferdeställen, Kutschereibetrieben und Kneipen für Händler und Käufer. Kein feiner Ort. Wohin könnte der in Vorstadtkaschemmen entstandene Tango Argentino in Hamburg besser passen als in diesen Hinterhof?

15

BUS 283 PAUL-ROOSEN-STRASSE

Das Bambi-Kino: Wo die Beatles zuerst in Hamburg wohnten

Mit großen Hoffnungen kamen sie im August 1960 nach Hamburg und wurden gleich bei der Ankunft enttäuscht. Statt auf der Reeperbahn landeten die Beatles im schäbigen Hinterhof der Glitzermeile: Ihre erste Unterkunft war das »Bambi-Kino« in der Paul-Roosen-Straße 33. Zwei winzige Zimmer ohne Fenster, alte Etagenbetten direkt hinter der Kinoleinwand, kein Bad, nur stinkende Klos. Kaum besser als die »Pennen«, die es früher hier gab: primitive Herbergen, in denen Obdachlose und Tagelöhner für 10 Pfennige auf nacktem Boden oder Zeitungspapier schlafen konnten.
Besitzer des Kinos war der Mann, der die Beatles nach Hamburg

EX BAMBI-KINO
PAUL-ROOSEN-STRASSE 33
22767 HAMBURG

CAFÉ ROOSEN
PAUL-ROOSEN-STRASSE 28
TEL. 040 76 97 59 26

DER KRUG
PAUL-ROOSEN-STRASSE 35
TEL. 0151/1407 59 34

holte: Bruno Koschmider, Ex-Zirkusclown mit Knollennase. Ein Typ wie aus den Anfangszeiten der Reeperbahn, als Varietés und Jahrmärkte mit Seiltänzern und Gauklern das Vergnügungsviertel prägten. Aber Koschmider hatte Ideen: Mit neuester Musik aus England und Amerika wollte er ein junges Publikum anlocken. Doch da die ersten drei Bands seiner Wahl absagten, musste er mit einer völlig unbekannten jungen Liverpooler Gruppe Vorlieb nehmen, die bisher nur bei Gemeindefesten aufgetreten war: den Silver Beatles, wie sie sich damals nannten.

Ihre ersten Auftritte waren ein paar Schritte entfernt im Indra, einem Club in der Großen Freiheit 64. Vier Tische rechts der Bühne, zwei links und hinten einige Nischen für Stripperinnen. Da ihr Repertoire für die Zeit von halb neun bis zwei Uhr morgens nicht ausreichte, mussten sie die Songs strecken und einen Ray-Charles-Titel auch mal eine Stunde lang improvisieren. »Macht Schau«, rief Koschmider, bezahlte aber nur 30 Mark pro Mann und Abend. Klar, dass sich die Beatles gern abwerben ließen: vom Top Ten, dem angesagtesten Club auf der Reeperbahn. Koschmider war sauer, warf sie aus dem Bambi und petzte bei der Polizei, dass George erst 17 war. Aus Rache kokelte Paul mit einem Kondom, wurde wegen Brandstiftung angezeigt und musste nach einer Nacht auf der Davidswache am 1. Dezember 1960 zurück nach England. Dreieinhalb Monate hatten die Beatles im Bambi-Kino gewohnt – so schäbig wie nie wieder in ihrer Karriere.

Heute befinden sich dort nur ein winziges Häuschen mit verwinkelten Treppen und daneben ein Garagentor, hinter dem das Kino lag. An damals erinnern ein aufgesprühtes blaues Bambi und – unter Efeu versteckt – ein lieblos gestaltetes Schaufenster mit vergilbten Beatles-Fotos. Kein Pilgerort für Beatles-Fans. Dafür bewahrt der Ort etwas von der schäbigen Geschichte St. Paulis, das lange die Vorstadt war, in der alle stinkenden und lauten Gewerbe angesiedelt wurden. Seit der Gewerbefreiheit 1865 ließen sich aber auch viele Kleinhandwerker hier nieder. Etwas von dieser Tradition hat überlebt: In der schmalen Straße findet man einen Trödler mit Platten der Rattles und Zur-Sache-Schätzchen-Plakat. Und nebenan liegt das kleine Restaurant Krug, das auf einfachen Holztischen Abendbrot und gute Weine serviert.

Während die Beatles rasant Karriere machten, kennt ihren Hamburger Entdecker Bruno Koschmider heute kaum jemand mehr. Zuletzt schlug er sich als Kartenabreißer und Peepshow-Aufseher durch, bis er 2000 verarmt starb. Nur eine Beatles-Revival-Band nannte sich nach ihm. »Die Koschmiders« treten ab und zu auf St. Pauli auf – manchmal um die Ecke im sympathischen Café Roosen.

16

U 3 ST. PAULI

Der Comicladen Strips & Stories

STRIPS & STORIES
SEILERSTRASSE 40
20359 HAMBURG

TEL. 040 38 07 40 09
WWW.STRIPS-STORIES.DE
DI - FR 12 - 19.30 UHR, SA 11 - 18 UHR

Strips & Stories: ein etwas doppeldeutiger Name auf St. Pauli, wo es einmal von Striptease-Clubs wimmelte. Aber hier geht es um Comicstrips, also Bildergeschichten aller Art. 2010 eröffneten Gesine Claus und Hans Ebert den kleinen Laden in der Seilerstraße. Zwei Räume mit Stuckverzierung, übersichtlich bestückte Regale und große Präsentiertische, auf denen die neuesten Graphic Novels neben Bestsellern ausliegen, aber auch Comics im Pixiebuch-Format, von jungen Zeichnern im Selbstverlag publiziert, oder Erzeugnisse eines finnischen Comic-Kollektivs. Ein Ort zum Stöbern, für Kenner und Fans, aber auch für Menschen, die nicht mit der

Lektüre von Comics aufgewachsen sind.
Und ein Ort, an dem man etwas über Hamburg erfahren kann: Viele der Bücher stammen von ZeichnerInnen der großen und quicklebendigen Comicszene der Hansestadt. Das Spektrum reicht von Werken Anke Feuchtenbergers, die als Professorin an der Hochschule für angewandte Künste diese Szene geprägt und selbst einen Verlag mit dem schönen Namen »Mami« gegründet hat, bis hin zu Hamburg-Klassikern wie der Comic-Adaption von Uwe Timms »Die Entdeckung der Currywurst« durch die preisgekrönte Isabel Kreitz oder Arne Bellstorfs »Baby's in Black« über die frühe Geschichte der Beatles in Hamburg.
Viele der Comics zeigen unbekannte Seiten dieser Stadt. Mein Tipp: »Hundert Ansichten der Speicherstadt« von M tom Dieck. Kein einziges Wort, keine kitschigen Bilder, sondern verdichtete schwarzweiße Zeichnungen von Wasser, Regen, Brücken und den hohen dunklen Speichergebäuden – ein ungewöhnlicher und sehr poetischer Blick auf Hamburg.

Hafencity und Speicherstadt

17

U 1 MESSBERG

Die Oberhafen-kantine

OBERHAFENKANTINE
STOCKMEYERSTRASSE 39
20457 HAMBURG

TEL. 040 32 52 74 14
WWW.OBERHAFENKANTINE-HAMBURG.DE
MO - SA 12 - 22 UHR, SO 12 - 20 UHR

Auf den ersten Blick haben sie nichts miteinander gemein: das Chilehaus, Flaggschiff der Hamburg-Architektur, und die winzige Oberhafenkantine, die nicht weit entfernt – an einem Kanal unter einer Eisenbahnbrücke – klebt. Dabei sind beide aus dem gleichen Stoff gemacht. Das heißt aus den gleichen Klinkern. Als Hermann Sparr Anfang der zwanziger Jahre im Oberhafen ein neues Lokal bauen wollte, hatte er Glück. Ganz in der Nähe seines Bauplatzes legten die Schuten an, die Baumaterial für Hamburgs ehrgeizigstes neues Bauprojekt, das Chilehaus, brachten: Klinkersteine, die der Bauherr Sloman billig gekauft hatte. Architekt Höger weiger-

te sich zunächst, solchen – wie er es nannte – »Dreck« zu verbauen, Sparr aber kam das gerade recht. Er zwackte sich einige dieser unregelmäßig geformten Steine mit rauer Oberfläche und bläulicher Glasur für sich ab. Sein Architekt Willy Wegner verbaute sie dann nicht ganz so rasant wie Höger beim Chilehaus, aber auch im expressionistischen Stil zu einem Minihaus mit spitzwinkligen Fenstern.

1925 eröffnete Sparr dann seine »Kaffeeklappe«, wie man die kleinen Kantinen für Arbeiter nannte, weil Essen und Kaffee durch eine Klappe von der Küche in den Schankraum gereicht wurden. Morgens um 5 Uhr schon standen die Arbeiter Schlange, kauften Mettbrötchen oder Frikadellen und tranken einen Kaffee. Mehr als zwanzig solcher Kaffeeklappen gab es zu Beginn des letzten Jahrhunderts. Heute existiert nur noch die Oberhafenkantine. Sie hat ein bewegtes Schicksal hinter sich, Sturmfluten bedrohten das Fundament, die Eisenbahnbrücke, auf der bis zu 800 Züge täglich fuhren, brachte sie in eine gefährliche Schräglage.

Seit 2000 steht sie unter Denkmalschutz und wurde restauriert. Schräg ist der kleine Gastraum immer noch, man fühlt sich wie in einer gestrandeten Segeljolle. Statt um 5 Uhr morgens öffnet sie erst mittags, statt Hafenarbeitern tummeln sich Medienleute, Deichtorhallenbesucher, Künstler oder Touristen hier. Die Speisekarte erinnert an alte Zeiten: Es gibt nur klassischen Filterkaffee sowie handfeste Küche mit Twist – wie die Hamburger Weißwurst mit Hering. Tipp: Wer einmal das berüchtigte Seemannsgericht »Labskaus« ohne großes Risiko probieren will, findet hier eine – allerdings sehr teure – Edelvariante: statt Corned Beef Bio-Tafelspitz, statt Spiegel- ein Wachtelei, dazu ein Mini-Rollmops. Als Probierportion wird es in winzigen Schalen serviert.

18

U3 BAUMWALL

Das Wasserschloss in der Speicherstadt

Mitten in der Stadtrepublik Hamburg steht ein Schloss: das Wasserschloss in der Speicherstadt. Das zwischen zwei Fleeten gelegene Gebäude mit Türmchen, Glasziegelbändern und Schmucksteinen ist eines der beliebtesten Fotomotive, besonders wenn es nachts angestrahlt wird. Hier residierten keine Könige, sondern Windenwärter, Schuppenvorsteher und Hausmeister. Dass die so prächtig wohnen durften, zeugt nicht von der Wertschätzung ihrer Berufe. Wertvoll waren vielmehr die Waren, die hier lagerten: Tee, Kaffee, kostbare Gewürze. Extra für sie baute man eine ganze Stadt. Die Speicherstadt ist das prächtigste Bauensemble, das sich die

WASSERSCHLOSS SPEICHERSTADT
DIENERREIHE 4
20457 HAMBURG

WWW.WASSERSCHLOSS.DE

Hanseaten je leisteten: ein »gigantisches Schatzkästlein der Hamburger Wirtschaft«, so der Kunsthistoriker Hermann Hipp, das nach außen hin nicht wie ein Lagerbezirk, sondern wie eine romantische Stadt wirkt.

Der Anlass für den Bau der Speicherstadt war weniger romantisch. Eigentlich war der Zollanschluss Hamburgs ans Deutsche Reich 1888 eine wirtschaftliche Katastrophe, weil man dadurch das jahrhundertealte Privileg der Zollfreiheit im gesamten Stadtgebiet verlor. Damit verzichtete man auf einen Wettbewerbsvorteil gegenüber anderen Städten. Klar, dass der Beitritt im Senat umstritten war. Immerhin erkämpften die Unterhändler ein Zugeständnis: das »Freihafenprivileg«, die Zollfreiheit in einem klar umgrenzten Hafengebiet.

Bei der Suche nach einem geeigneten Gelände erwiesen sich die Hanseaten als eiskalte Rechner. Ideal für das neue Hafenquartier waren zwei der ältesten Stadtviertel, das Wandrahm- und das Kehrwieder-Viertel. Ohne Skrupel wurden mehr als tausend Gebäude abgerissen, einfache Buden, aber auch Kontore und elegante Kaufmannshäuser, selbst das viel bewunderte Museum Godeffroy verschonte man nicht. Über 20 000 Menschen wurden vertrieben.

Der Bau des neuen Hafenquartiers begann 1883 und stand

von Anfang an unter dem Motto: Nicht kleckern, sondern klotzen. Auf engem Raum entstand der größte Lagerhauskomplex der Welt. Dabei sorgte Bauleiter Franz Andreas Meyer durch Backstein und edle Fassaden im neugotischen Stil für ein einheitliches städtebauliches Profil, sogar Details an Brückengeländern tragen seine Handschrift. Die Speicher selbst waren meist fünf Stockwerke hoch, unten lagen Büros und Kontore der jeweiligen Handelsfirmen, darüber Lagerböden für die kostbaren Waren. Jeder Sack, jeder Karton, jeder Ballen wurde von außen mit Hilfe von Seilwinden befördert. Tag und Nacht waren die Winden in Bewegung und mussten von Windenwärtern und Wächtern rund um die Uhr beaufsichtigt, gewartet oder repariert werden. Nur deshalb durften diese in der Speicherstadt so prächtig wohnen, sonst waren Wohnungen auf dem Gelände verboten. Die ganze Aktion trug den Hanseaten zwar den zweifelhaften Ruf »Freie und Abrissstadt Hamburg« ein, erlaubte ihnen aber, den wirtschaftlichen Nachteil des Zollanschlusses mehr als zu kompensieren: In der Zeit nach 1888 fuhren sie ihre größten Profite ein. Seit 2003 gehört die Speicherstadt nicht mehr zur Freihafenzone. Viele der Speicher haben inzwischen neue Funktionen. Museen wie das »Miniatur Wunderland«, Agenturen und Restaurants sind eingezogen. Das Wasserschloss beherbergt heute ein Restaurant und einen teuren Teeladen im Kolonialstil.

19

U 3 BAUMWALL, U 1 MESSBERG, METROBUS 6 AUF DEM SANDE, METROBUS 111 AM SANDTORKAI

Miniatur Wunderland

MINIATUR WUNDERLAND
KEHRWIEDER 2, BLOCK D
20457 HAMBURG-SPEICHERSTADT

TIPP

VORHER RESERVIEREN UNTER WWW.MINIATUR-WUNDERLAND.COM, DORT AUCH AKTUELLE ÖFFNUNGSZEITEN. ABENDS IST WENIGER LOS!

Die Werbung für das Miniatur Wunderland als »größte Modelleisenbahn der Welt« führt in die Irre. Denn Züge, Gleise und Bahnhöfe sind längst nicht alles, was es hier zu sehen gibt. Auch nicht die imposanten Landschaften wie das sechs Meter hohe Matterhorn oder die Nordsee aus 30 000 Litern echtem Wasser. Der Witz liegt nicht in der Größe, sondern im Detail. Naturschützer mit »Rettet die Elefanten«-Transparent, DJ-Bobo-Show vor Buddha-Figur, Elbphilharmonie mit Baustopp der »Drunter und Drüber AG«: Unzählige solcher Szenen machen die Ausstellung zum lebendigsten Gegenwartsmuseum Hamburgs. Wer allerdings nur die Stationen ab-

klappert, ist bald gefrustet. Genaues Hingucken ist gefragt und die kindliche Fähigkeit, sich in Einzelheiten zu vertiefen.

Dass es nicht nur um Eisenbahnen geht, zeigt gleich der erste Raum, in dem acht Schaukästen die »Geschichte unserer Zivilisation der letzten 7000 Jahre« darstellen. Ein anspruchsvolles Unterfangen, aber toll gelöst. Die Grundsituation ist immer gleich: ein Fluss mit zwei Ufern und ein Berg. Am Anfang fast nur Grün, dann kommen Dorf und Burg dazu, aus dem Dorf wird eine Stadt, alles wird immer moderner. Lebendig wird das Ganze durch viele Alltagsszenen, die das Leben der verschiedenen sozialen Schichten veranschaulichen. Während z. B. am feudalen Hof die Einführung von Ananas und Gabel zelebriert wird, suchen auf der anderen Seite des Flusses Kinder nach Essbarem im Müll. Allein diese komprimiert-anschauliche Geschichtsdarstellung, in Kooperation mit der Landeszentrale für politische Bildung entworfen, ist einen Besuch wert.

Aber auch die Hauptattraktionen sind klasse, nicht nur für Technik-Freaks – wie die Modell-Schweiz mit Skiliften, Seilbahnen und Schokofabrik in eindrucksvoller Bergkulisse oder der »Knuffenhausen-Airport«, wo alle technischen Finessen der Modellbaukunst zum Einsatz kommen. Allein wie die

Flugzeuge starten und landen ist eine Augenweide, dazu Gags wie »Flug 0005 auf der Departure-Tafel mit Destination ›Ab nach Hause‹«. Noch beeindruckender die Logistik des Großflughafens: Wer studiert hat, wie sich Gepäckzüge, Passagierbusse, Tankfahrzeuge, Feuerwehr und Krankenwagen ohne Crash gleichzeitig bewegen, geht das nächste Mal mit offeneren Augen durch den Hamburger Flughafen, das Vorbild für »Knuffenhausen-Airport«.

Wenn sich die Nacht über den Flughafen senkt und es für Minuten ganz dunkel wird, leuchten die Schaukästen wie eine neapolitanische Krippe, nur mit dem Unterschied, dass hier kein Jesuskind mehr die vielfach verflochtene moderne Welt zusammenhält. Und wie in den Krippen von Neapel sind die Szenarien des Miniatur-Wunderlands ein *work in progress*. Immer wieder kommt Neues hinzu – derzeit wird an Italien gearbeitet. Amalfiküste und Kolosseum sind noch nicht fertig, aber ein Frauengefängnis namens »Bunga Bunga« mit Berlusconi als Insasse existiert schon ...

Man kann unmöglich alles bei einem einzigen Besuch aufnehmen. Das »Weh des Abschieds« wird – wenigstens für Hamburger – versüßt durch eine halbwegs kostengünstige Jahreskarte.

20

U 1 MESSBERG, U 3 RÖDINGSMARKT

Eine Orgel für Bach in der Katharinenkirche

Heute ist Hamburg berühmt für seine Arp-Schnitger-Orgel von 1693 in der Jacobikirche. Als Johann Sebastian Bach sich 1720 für eine Stelle als Organist in St. Jacobi bewarb, diente zum Vorspiel allerdings ein anderes Instrument: die Katharinenorgel in der gleichnamigen Kirche. Geschlagene zwei Stunden spielte er vor dem versammelten Magistrat und den Prominenten der Stadt, improvisierte über alte Kirchenlieder und Choräle. Am Schluss war nicht nur das Publikum begeistert, auch Bach selbst schwärmte von den »Zungenstimmen« und der »Schönheit und Verschiedenheit« dieser Orgel.
Eine Orgel ist ein hochkomple-

HAUPTKIRCHE ST. KATHARINEN
KATHARINENKIRCHHOF 1
20457 HAMBURG

WWW.STIFTUNG-JOHANN-SEBASTIAN.DE

xes Instrument, die Orgelpfeifen vertreten ein riesiges Klangfarbenspektrum. So ahmen z. B. die von Bach gelobten »Zungenpfeifen« Blasinstrumente wie Trompeten, Posaunen und Oboen nach – wichtige Zutaten für den festlichen Klang in Bachs Kantaten. Das Königsinstrument der Kirchenmusik, von einem einzigen Menschen bedient, lässt ein ganzes Orchester erklingen.

Warum Bach sich damals für die Katharinenorgel entschied, wissen wir nicht. Sie war allerdings die berühmtere. Bereits um 1400 erwähnt, war die Orgel immer wieder ergänzt und erneuert worden, zuletzt durch den von Bach hochverehrten Johann Adam Reincken, einen der größten Organisten seiner Zeit. Die historische Gewachsenheit unterscheidet sie von der Orgel in St. Jacobi. Schnitger hatte dort unter Verwendung weniger alter Pfeifen eine völlig neue Orgel mit ganz eigenem Klang gebaut: starke Bässe, die in erster Linie zur Unterstützung des Gemeindegesangs dienten.

Bach selbst konnte den Unterschied nicht erproben. Nach seinem Vorspiel von 1720 spielte er nie wieder eine Hamburger Orgel. Er reiste zwar mit einem Berufungsbescheid ab, die Stelle aber bekam ein anderer – Johann Joachim Heitmann, der bei seiner Bewerbung 4000 Mark in die Kirchenkasse eingezahlt hatte. Das erboste den Pfarrer von

St. Jacobi, der den Hamburgern ihre Geldgier sogar in der Heiligabendpredigt vorhielt: »Wenn auch einer von den bethlehemitischen Engeln vom Himmel käme, der göttlich spielte, und wollte Organist zu St. Jacobi werden, hätte aber kein Geld, so möchte er nur wieder davonfliegen.«

Dass die Hamburger seit 2013 wieder den unterschiedlichen Orgelklang vergleichen können, verdanken sie großzügigeren Mitbürgern. Lange war die 1943 bei Bombenangriffen zerstörte Katharinenorgel kaputt. Jetzt finanzierte eine Privatinitiative betuchter Spender die originalgetreue Rekonstruktion mit den 520 erhalten gebliebenen Orgelpfeifen aus dem 18. Jahrhundert. Bachs gesamtes Orgelwerk wird in den nächsten Jahren in St. Katharinen zur Aufführung gelangen. Wer den Klang mit der Schnitger-Orgel vergleichen will, hat dazu vielfache Gelegenheit, z.B. im beliebten »Hamburger Orgelsommer«.

Hafenrand und Landungsbrücken

21

U 3 BAUMWALL

Paternosterfahren im Slomanhaus

SLOMANHAUS
STEINHÖFT 11
20459 HAMBURG-NEUSTADT

MO - FR 10 - 17 UHR

Zaudern darf man nicht, sonst ist die offene Kabine des Paternosters entschwunden, ehe man sichs versieht. Am besten also steigt man beherzt ein, obwohl sich der Fahrkorb ununterbrochen auf- oder abwärts bewegt. Ein eigenartiges Gefühl für uns, die wir nur Fahrstühle gewöhnt sind. Paternoster gelten heute nicht nur als altmodisch, sondern auch als gefährlich.
Einst war Hamburg Deutschlands Hauptstadt der Paternoster, 1936 fanden sich hier 344 Stück, fast die Hälfte aller Paternoster im Land damals. Ihr Aufstieg und Erfolg war mit dem Aufstieg der Kontorhäuser in der Innenstadt Hamburgs untrennbar verbunden.

Um 1900 entstanden überall in der City riesige Gebäudekomplexe mit Büros, die an Handelsfirmen, Reedereien, Makler oder Anwaltskanzleien vermietet wurden. Die Fassaden dieser Mietshäuser waren oft prunkvoll und sehr repräsentativ, einige erinnern sogar an barocke Bürgerpaläste, eigentlich aber waren es hochmoderne Eisenkonstruktionen. Die neuen Techniken des Eisen- und Eisenbetonbaus erlaubten es ab 1890, alle tragenden (Eisen-)Teile in die Außenwände zu legen. Dadurch konnten die Inneneinbauten flexibel gestaltet werden. So war es möglich, ganz unterschiedlich große Kontore zu bauen, deren Zuschnitt sich nach den Erfordernissen der Mieter richtete. Um auch die oberen Etagen gut erreichen (und vermieten) zu können, brauchte man die Paternoster.

Mit seinem stetigen gleichmäßigen Umlauf der Fahrkörbe waren die Paternoster nicht nur zweckmäßiges Beförderungsmittel, sondern Symbol ständiger Betriebsamkeit und des ununterbrochenen Waren- und Geldstroms, der in den Kontoren verwaltet wurde. Er war das architektonische Pendant

zum Wort »Kontor«, wie es in Anlehnung an das französische Comptoir = Geldtisch statt »Büro« heißt: Das ist beileibe nicht nur eine sprachliche Finesse, sondern drückt aus: Hier sitzt man nicht einfach als Bürokrat an einem Schreibtisch, sondern man bewegt ununterbrochen Geld. Büroarbeit in Hamburg ist seit je geprägt vom Produktiven und vom Geldmachen. Hanseatische Profitorientierung geht hier bis in die Sprache.
Wenn der Paternoster das Wesen des Kontors damals wie heute enthüllt, dann ist heute das Fahren in Hamburgs ältestem Paternoster im Slomanhaus aufschlussreich. Bauherr Robert M. Sloman, Nachfahre der ersten Reederei Hamburgs, mit Chile-Salpeter unvorstellbar reich geworden, engagierte mit Martin Haller und später Fritz Höger die damaligen Stararchitekten Hamburgs. Das 1921 endgültig fertiggestellte Gebäude war damals das größte am gesamten Hafenrand. Der Aufgang mit dem Paternoster ist mit Naturstein und dunklem Holz plus Pförtnerloge außerordentlich elegant und luxuriös gestaltet. Einschüchternd. Eine riesige Uhr unterstrich die Atmosphäre von Eile und Geschäftigkeit. Heute residieren hier Anwaltskanzleien und Medienbetriebe, nur selten trifft man einen Menschen im Treppenhaus, die Pförtnerloge ist seit langem nicht mehr besetzt. Wenn man langsam im Paternoster durch die Stille in die Höhe gleitet, fühlt man sich eher wie in einer Kathedrale als in einem Kontorhaus.

22

U3/S-BAHNEN LANDUNGSBRÜCKEN, HVV-FÄHREN LANDUNGSBRÜCKEN

Deutschlands ungewöhnlichster Weinberg

und die besten Fischbrötchen

Den Südhang der Elbe über den Landungsbrücken und unterhalb der Jugendherberge hielten schwäbische Winzer für Hamburgs beste Lage, als sie 1995 der Stadt ein ungewöhnliches Angebot unterbreiteten: Sie spendeten Hamburg 25 Weinstöcke der weißen Phönix-Rebe plus 25 der roten Sorte Regent – und starteten ein Experiment: Weinanbau am Hamburger Hafen. Die Stadt übernahm die Pflege der Trauben, der Ernteeinsatz wird gemeinsam von Senatoren und Bürgerschaftspräsident/In geleistet – unter tätiger Mithilfe von Winzer Fritz Currle, der die Trauben in Stuttgart-Uhlbach keltert und ein Jahr später in Hamburg abliefert.

WEINBERG
AUF DEM STINTFANG
20359 HAMBURG

FISCHBRÖTCHENBUDE
AUF DEN ST. PAULI-LANDUNGSBRÜCKEN
BRÜCKE 10
TEL. 040 33 39 93 39

Allerdings waren die bisherigen Ernten von Pech verfolgt: Mal gab es Pilzbefall wie 2013, mal raubten Vögel (1997 und 1999) oder andere Diebe (2010) fast die gesamte Ernte. Und selbst im Erfolgsfall ist der Ertrag gering: Ganze 50 Flaschen à 0,375 l gibt es vom »Hamburger Stintfang Cuveé«. Die allerdings sind von erstaunlicher Qualität, wie Winzer Currle behauptet, immerhin 80 Grad Oechsle können erzielt werden. Nachprüfen kann das freilich kaum jemand, denn die kostbaren Flaschen sind nur als Geschenk für Staatsgäste, Ehrenbürger oder andere hohe Würdenträger bestimmt.

Das macht aber nichts, denn zu Hamburger Kost passt sowieso kein Wein. Deshalb genießt man am besten erst die ungewöhnliche Aussicht auf Weinberg und Hafen und geht dann hinunter auf die Landungsbrücken bis zur allerletzten Brücke Nr. 10. Hier, in der »Fischbrötchenbude«, gibt es Hamburgs beste Fischbrötchen: mit Krabben, Matjes, Bratfisch oder Räuchermakrele. Und dazu passt in einer Stadt, die seit ihren Anfängen für ihre Braukunst bekannt war, am besten ein Bier.

23

S-/U-BAHNEN LANDUNGSBRÜCKEN

Der Alte Elbtunnel

Wie ein einfaches Bauwerk für die Beförderung von Arbeitern sieht der Eingang des Alten Elbtunnels nicht gerade aus, eher wie ein Tempel. Das Gebäude ist dem römischen Pantheon nachempfunden und ruft mit Kupferdach und monumentalen Rustikalsteinen: »Wir Deutschen können das auch!« Gefeiert werden hier nicht mehr alle Götter wie einst im antiken Rom, sondern ein einziger Gott: die moderne Technik. Tatsächlich war dieses Meisterstück des Ingenieurwesens der erste Flusstunnel auf dem europäischen Kontinent.
Seine Existenz verdankt der 1911 eröffnete Tunnel dem Aufstieg Hamburgs zum Militärhafen des Deutschen Reichs.

ALTER ELBTUNNEL
BEI DEN ST. PAULI LANDUNGSBRÜCKEN 5
20359 HAMBURG

FÜR FUSSGÄNGER UND FAHRRADFAHRER
DURCHGEHEND GEÖFFNET

Hamburg strotzte damals vor Selbstbewusstsein – der Hafen war durch die Werften, die sich seit Mitte des 19. Jahrhunderts auf der gegenüberliegenden Elbinsel Steinwerder niedergelassen hatten, zu Weltgeltung gelangt. Hier wurden Handelsschiffe und die modernsten Passagierdampfer gebaut, vor allem aber Kriegsschiffe. Die Erschließung eines ganz neuen Hafenbereichs und die Errichtung von Stülcken-, Howaldt- und Vulkanwerft, insbesondere aber von Blohm & Voss bedeuteten die Vertreibung von 6000 Menschen, die hier gewohnt hatten, schufen aber auch Arbeitsplätze für Zehntausende von Werftarbeitern. Das brachte allerdings logistische Probleme mit sich. Damit die Arbeiter schnell und sicher an ihren Arbeitsplatz gelangten, brauchte man den Tunnel, denn vorher mussten sie per Boot transportiert werden, was mühsam, bei Sturm gefährlich und vor allem zeitraubend war.

Heute sind die meisten Werften geschlossen. Blohm & Voss baut zwar noch Schiffe (wie 2010 die größte Privatyacht der Welt für den russischen Milliardär Abramowitsch), konzentriert sich aber sonst auf Wartungs- und Reparaturarbeiten. Die ehemalige Stülckenwerft ist heute Standort für das Musical »Der König der Löwen«.

Den Elbtunnel nutzten bis zum Zweiten Weltkrieg 20 Millionen

Fußgänger pro Jahr, heute sind es nur noch 700 000, die meisten davon Touristen und Ausflügler. Ein besonderes Erlebnis ist es, wenn man in einem der altmodischen Fahrgastkörbe in die Tiefe rumpelt. Der Tunnel selbst ist etwas mehr als 400 Meter lang und ziemlich niedrig. Die Kleinreliefs an den mit blassgelben Kacheln verkleideten Wänden erinnern an das, was über einem schwimmt: Fische, Muscheln, Krebse und anderes Getier. Funzliges Licht versprüht morbiden Charme.

Auf der anderen Seite sollte man unbedingt zum Aussichtspunkt Steinwerder hinter der Zollstation am Ausgang des Alten Elbtunnels gehen. Der etwas heruntergekommene Ort – ein paar Bäume, ein Fahrradständer, eine Wurstbude – bietet einen der spektakulärsten Blicke auf Hamburg. Wie in einem Breitformat-Bilderbuch liegt die Skyline Hamburgs vor uns. Überraschend klein die Bauten der alten »Hafenkrone« vom Alten Elbtunnel bis zum monumentalen Bismarck-Denkmal aus der Zeit um 1900, als der Hafen das Tor des Deutschen Reichs zur Welt wurde. Um vieles überragt werden sie von den Gebäuden des 21. Jahrhunderts: dem Empire-Riverside-Hotel, dem Astra-Turm im Bavaria-Quartier und den Tanzenden Türmen ganz rechts. Die neue Silhouette wurde oft als langweilig gescholten – ist aber immerhin kein Zeichen militärischer Großmachtsansprüche.

24

HVV FÄHRE 62 DOCKLAND

Dockland

Schon seit Studententagen hatte Architekt Hadi Teherani ein Traumhaus: die Casa Malaparte auf Capri, eine elegante rote Villa mit Außentreppe, die auf einem schmalen Felsvorsprung über dem Meer thront. Zwar kannte er das Domizil des italienischen Dichters Curzio Malaparte nur von einer Postkarte, aber ihm war sofort klar: »Ich wollte auch so eine Dachtreppe.«
Lange konnte er diese Idee nicht realisieren, dann inspirierte sie ihn ausgerechnet an einem völlig entgegengesetzten Ort: beim Bau eines schnöden Bürokomplexes an der Großen Elbstraße in Hamburg. Nur einen schmalen Steg gab es hier, der künstlich verlängert werden musste.

DOCKLAND
VAN-DER-SMISSEN-STRASSE 9
22767 HAMBURG

Doch wie die Architekten von Bothe Richter Teherani den winzigen Grundriss nutzten, war genial. Sie zogen die Seitenwände des Gebäudes wie in einem Parallelogramm in die Diagonale. Die Westseite ragt jetzt wie ein Schiffsbug vierzig Meter über den Grundriss hinaus.

Entstanden ist eine rasante Schiffsskulptur, die mit der Hafenlandschaft verschmilzt. Von Anfang an begeisterte die kühne Konstruktion aus Glas und Stahl die Hamburger. Obwohl kein einziger Backstein verbaut worden war, kürten sogar die Leser einer konservativen Tageszeitung Hamburgs Dockland zum besten Bauwerk Hamburgs.

Je nach Wetterlage schimmert der Bau nebel- oder regengrau, nur bei Sonne glitzert er in schönstem Hellblau. Das mediterrane Vorbild entdeckt man nicht auf den ersten Blick. Denn Teherani hat die Casa Malaparte nicht einfach kopiert, sondern ein Gebäude erschaffen, das sich ganz der Landschaft und dem kühlen Licht des Nordens anpasst. Übernommen aber hat er die Idee für die Außentreppe: 140 breite Stufen führen auf ein Sonnendeck. Doch auch hier gibt es einen entscheidenden Unterschied zum Original. Während die Casa Malaparte für die Öffentlichkeit nicht zugänglich ist (Cineasten kennen sie aus Godards Film »Die Verachtung«, in dem Brigitte Bardot die Treppe in einem roten Bademantel hinabschreitet), hat Teherani die Treppe für das Publikum geöffnet – und Dockland so zu einem Lieblingsort für viele in Hamburg gemacht.

Altona und Ottensen

25

S-BAHNEN UND BUSSE BAHNHOF ALTONA

Das Mercado

MERCADO OTTENSEN
OTTENSER HAUPTSTRASSE 10
22765 HAMBURG

MO - FR 8 - 21 UHR
SA 8 - 20 UHR

Moderne Einkaufszentren sind oft langweilig und anonym – nicht so das Mercado in Ottensen, das sich zu einem beliebten Treffpunkt des Stadtteils entwickelt hat. Zwar gibt es auch hier die üblichen Filialen von H&M, Budnikowsky oder Douglas, sie liegen allerdings am Rand des mehrstöckigen Gebäudes. Im Zentrum öffnet sich eine Markthalle mit mediterranem Flair: Das Angebot reicht von Blumen, exotischem Obst und orientalischen Gewürzen über Bio-Brot bis zu teuren Zigarren und edlem Wein, dazwischen Sushi-Theke, Espressobar und Thaisuppen-Imbiss.
Dass das Einkaufszentrum hier überhaupt gebaut werden konn-

te, ist einem weisen Mann aus Jerusalem zu verdanken. Bereits bei der Grundsteinlegung hatte es Proteste gehagelt – nichts Ungewöhnliches in Ottensen, wo Widerstand Tradition hat. Ungewöhnlich war jedoch die Gruppe, die demonstrierte: Ultraorthodoxe Juden, die sich Athra Kadisha nennen, waren extra aus London, New York und Amsterdam angereist. Ihr Ziel: Schutz der jüdischen Totenruhe. Bei den Abrissarbeiten des Hertie-Kaufhauses, das hier vorher stand, hatte man eine erschreckende Entdeckung gemacht: Man fand Reste alter Grabsteine und massenhaft Skelette. Sie gehörten zum alten Jüdischen Friedhof, der sich seit 1663 an dieser Stelle befunden hatte. 1934 enteigneten ihn die Nationalsozialisten, zerstörten Gräber und Kapelle und verbauten die Reste in zwei Bunkern. 1950 wurde das Gelände an den Jewish Trust in London »zurückerstattet«. Der wusste entweder nichts vom Friedhof, oder es war ihm in der schweren Zeit kurz nach Kriegsende egal: Er veräußerte das Gelände in bester Lage an den Hertie-Konzern, der es, als das Kaufhaus pleiteging, an eine Investorengruppe weiterverkaufte.

Als die Leute von Athra Kadisha dann 1991 kurzerhand das Baugelände besetzten, wurden sie von der Polizei abgeschleppt. Das Bild ging um die Welt: Kaum vierzig Jahre nach dem Holocaust vertreiben deutsche Polizisten gewaltsam Juden. Der deutsche Zentralrat der Juden forderte einen Baustopp und bat den Hamburger Senat um Hilfe. Geht nicht, tönte Hamburgs Erster Bürgermeister Henning Voscherau. Gerade nach den Erfahrungen des Dritten Reichs sei man besonders an Gesetz und Ordnung gebunden und müsse deshalb die Bauinvestoren als rechtmäßige Eigentümer schützen. Sein zynischer Rat: Die jüdische Gemeinde könne das Gebiet ja wieder zurückkaufen – für 50 Millionen Mark – und dann den Friedhof wiederherstellen.

So viel Geld besaß die jüdische Gemeinde Hamburgs nicht, dafür aber hatte sie eine kluge Idee: Sie berief den angesehenen Jerusalemer Oberrabbiner Itzhak Kolitz als Schlichter. Der fand eine salomonische Lösung: Da ein Friedhof für Juden auf alle Ewigkeit ein heiliger Ort ist, durfte im Erdreich, wo einst die Gräber lagen, nicht gebaut werden. Also bekam das Gebäude statt einer Tiefgarage ein Parkdeck. Die alten Grabstätten wurden zum Schutz der Totenruhe mit einer dicken Betonplatte abgedeckt. So gesichert, konnte darüber das Gebäude errichtet werden. Möglicherweise hat dieser Schiedsspruch auch den Grundstein gelegt für das friedliche Miteinander der vielen verschiedenen Menschen, die heute das Mercado frequentieren – von der türkischen Frau mit Schleier bis zum Punk. An den Friedhof erinnern Gedenkplaketten im Untergeschoss mit den Namen der über 4500 Toten, die hier einst begraben wurden, darunter so prominente Juden wie Salomon Heine.

26

S-BAHNEN UND BUSSE BAHNHOF ALTONA

Der letzte Fischschornstein in Ottensen

»Ohne Not ging niemand zu den Fischen«, sagte man Ende des 19. Jahrhunderts in Ottensen. Das kleine erst dänische, seit 1866 preußische Dorf erlebte da gerade einen Industrieboom. Die Holzmaschinenfabrik in der Barnerstraße, Zeises Schiffsschraubenfabrik und »Menck & Hambrock«, wo Kessel, Kräne und Bagger hergestellt wurden, machten den kleinen Ort zu einem wichtigen Industriestandort. Die Großbetriebe boten Tausende Arbeitsplätze und hatten eine selbstbewusste Arbeiterschaft, die sich früh gegen schikanöse Fabrikbesitzer wehrte.
Wenig angesehen dagegen war die Arbeit in einem anderen Haupterwerbszweig, der Fisch

FISCHSCHORNSTEIN
HOHENESCH 70 / HINTERHOF

BUCHHANDLUNG CHRISTIANSEN
BAHRENFELDER STRASSE 79
22765 HAMBURG-OTTENSEN

TEL. 040 390 20 72
WWW.BUCHHANDLUNG-CHRISTIANSEN.DE

verarbeitenden Industrie, die sich zur selben Zeit hier ansiedelte. Der Standort war günstig: Ottensen lag nah an den Fang- und Anlegeplätzen der Elbfischer. Deshalb siedelten sich hier Fischbratereien und Räuchereien an, später auch Fischkonservenfabriken. Tag für Tag räucherte man in mehr als 700 Räucheröfen, fünfmal am Tag wurden die Flammen geschürt. Nachbarn konnten ihre Fenster nicht öffnen, oft hagelte es Beschwerden wegen des »üblen Geruchs des Fischfetts«. Noch schlechter hatte es nur, wer in den Fischfabriken arbeitete: Entweder war man nass oder völlig verräuchert, die Arbeit war hart und miserabel bezahlt, Schmutz und Gestank saßen in allen Poren. Kein Zufall, dass hier nur Frauen arbeiteten. Zentrum der Fischfabriken oder von »Kleinheringsdorf«, wie man lästerte, war das Hohenesch, genannt die »Bückelsallee«, wo die Ärmsten der Armen in kleinen geduckten Häusern wohnten, wie man sie hier und in den umliegenden Straßen heute noch sieht.

Die großen Maschinenfabriken sind heute Industriedenkmäler wie das Kulturzentrum »Fabrik« in der Barnerstraße oder die Zeisehallen mit Kinos, Läden und dem beliebten Restaurant »Eisenstein«. Am Kemal-Altun-Platz erinnert ein imposanter Bagger an die einstige Produktion. Von den Fischfabriken ist dagegen kaum noch etwas zu sehen. Im Hohenesch logieren inzwischen ein wohlriechender Wellnesstempel und ein Yogastudio. Nur ein einziger Hinweis auf die Fischindustrie hat überdauert: In einem Hinterhof steht ein Schornstein mit einem Fisch obendrauf. Ganz filigran wie ein hübscher Deko-Effekt. Dass es hier einmal fies nach Fisch roch, ahnt niemand mehr.

Überraschenderweise überlebt hat ein anderes lebendiges Zeugnis der Arbeitervergangenheit von Ottensen: Christiansen am Spritzenplatz, Hamburgs älteste Buchhandlung im Familienbesitz. Begründer Theodor Christiansen hatte von Anfang an auf die 1871 eingeführte Schulpflicht gesetzt. Er nahm Schulbücher, Fibeln und Papier ins Sortiment, für den Biologieunterricht besorgte er sogar Ausgefallenes wie Schlangen in Spiritus. Hauptabnehmer waren die neu eröffneten Schulen in Rothe- und Lagerstraße sowie das Gymnasium Altona. Indem die Buchhandlung seit mittlerweile vier Generationen Bücher in einer nichtelitären Atmosphäre verkauft, überstand sie den Nationalsozialismus (als ihr die Schulaufträge entzogen wurden), Kriegsbomben, die Schließung der Fabriken in den 1970er Jahren und sogar die viel geschmähte »Schickimickisierung« Ottensens. Heute versorgt sie auch wieder die Schulen des Stadtteils mit Schulbüchern.

27

S-BAHNEN UND BUSSE BAHNHOF ALTONA

Meta Mollers Grab bei der Christianskirche

KLOPSTOCK-GRAB
CHRISTIANSKIRCHE OTTENSEN
KLOPSTOCKPLATZ
22765 HAMBURG

»Eisente« nennt man die angeblich typische Hamburgerin: groß, blond und perfekt gestylt, vor allem aber kühl. Auf Meta Moller traf all das zu – nur kalt war sie nicht. Im Gegenteil: Ihr ist es zu verdanken, dass ausgerechnet Hamburg im 18. Jahrhundert eine herausragende Rolle bei der Erfindung einer neuen Sprache des Herzens spielte. Eine Hamburger »Eisente« war Pionierin einer neuen Gefühlskultur – zwanzig Jahre vor Goethes *Werther*.

Als Tochter eines wohlhabenden Kaufmanns war Meta Moller Teil eines geselligen Kreises, zu dem Gelehrte ebenso gehörten wie ein Pastor, Kaufleute und der Hamburger Schriftsteller Fried-

rich von Hagedorn. Ihr Idol aber war ein anderer Dichter: Friedrich Wilhelm Klopstock, der damals in Deutschland wie ein Popstar gefeiert wurde. Die junge Meta schwärmte besonders für ihn. Als er dann im April 1751 Hamburg besuchte, legte sie eine Verführungsszene hin, wie man sie einer kühlen Norddeutschen nicht zugetraut hätte: Gekonnt setzte sie ihre Reize ein, indem sie dem Gast die neueste Hamburger Regenkleider-Mode vorführte und ihn bei einem Essen auf ihr schönes Dekolleté blicken ließ. Das blieb nicht ohne Wirkung auf den umworbenen Dichter. Mehr als einen Blick traute sich der schüchterne Mann dann allerdings doch nicht, beim Abschied klagte sie: »Warum küßt der Affe dich denn nicht?«

Die wirkliche Liebe zwischen den beiden entsteht erst in Briefen. Fast ein Jahr korrespondieren sie miteinander, wobei sich immer mehr die Grenzen dessen verschieben, wie und worüber man schreibt. Vor allem Meta ist ungewöhnlich mutig, ganz offen schreibt sie über ihre Gefühle und stellt selbst fest, dass sie »sich aus vorgesehenen Bahnen herauswagt«. Mit Klopstock streitet und debattiert sie leidenschaftlich – über Männer und Frauen und die Liebe, aber auch über große Politik. Metas »natürlicher«, ganz spontan wirkender Schreibstil macht Furore – zwei-

hundertfünfzig Jahre vor Facebook und Twitter werden ihre Briefe im Freundeskreis weitergereicht und diskutiert. Die Liebe zwischen Meta und Klopstock bewegte nicht nur die Zeitgenossen, auch im 19. Jahrhundert blieb sie Vorbild für viele Frauen.
Klopstock und Meta Moller heirateten 1754 in Hamburg, zogen dann nach Kopenhagen, wo er eine Anstellung beim dänischen König fand. Sie lebten auf dem Land von seiner kargen Leibrente, Meta übernahm die Buchhaltung und alles Geschäftliche, darin ganz Hamburgerin. Schwer aber wog die Einsamkeit, als Hamburgerin war Meta am dänischen Hof nicht wohlgelitten. Sie vermisste ihre Schwestern, Freundinnen und Freunde, die Gartenpartys, Konzerte und Landpartien. Nach nur wenigen Ehejahren starb sie bei der Geburt ihres Sohnes am 28. November 1758 in Hamburg.
Klopstock ließ sie auf dem Kirchhof der Christianskirche bestatten – in der Nähe der von ihr so geliebten Elbe. Dort steht ihr Grabstein ein wenig im Schatten des Grabmals ihres berühmten Gatten. Klopstock wurde 1803 neben ihr mit einem pompösen Begräbnis bestattet, an das sich die Hamburger noch Jahrzehnte später erinnerten. Zur besonderen Atmosphäre dieser Grabstätte (in der auch die zweite Frau des Dichters liegt) trägt nicht zuletzt die Linde bei, die Metas Schwestern für sie hier ein Jahr nach ihrem Tod pflanzten.

28

BUS 15 FISCHERS ALLEE

Der Eisladen in Ottensen

Beim Eis geriet sogar der strenge Philosoph Theodor W. Adorno ins Schwärmen: »Erfüllung eines Kinderglücks« und »ein Stück der erfüllten Utopie« fand er während seines Exils in Amerika, weil Kinder dort überall ein »ice-cone« essen konnten. Das gibt es heute auch in Deutschland – allerdings oft im Übermaß: zuckersüß, quietschbunt und in hundert Geschmacksrichtungen.

Anders im »Eisladen« am Rande Ottensens in der Fischers Allee. Hier ist alles auf das Wesentliche reduziert, nur ein Dutzend Sorten werden angeboten, darunter Klassiker wie Schoko, Nuss und Vanille, und jedes Jahr ein anderes Spezialeis wie Limette-Mint

DER EISLADEN
FISCHERS ALLEE 39
22763 HAMBURG
WWW.EISLADEN-HAMBURG.DE

GEÖFFNET VON MÄRZ BIS OKTOBER
12 - 19 / 20 UHR

Joghurt
Orange
Buttermilch
Erdbeer

oder salziges Erdnusskaramell. Alles bio natürlich.
Fruchteis gibt es nur in der jeweiligen Saison. Dann radelt Chefin Julia Frevel zweimal in der Woche mit dem Fahrrad zum Wochenmarkt auf dem Spritzenplatz, wo sie Obst aus dem Alten Land kauft. Wenn die Erdbeerzeit vorbei ist, gibt es auch kein Erdbeereis mehr. Und da jeden Tag frisch produziert wird, kann eine Sorte abends auch mal ausverkauft sein. Dafür schmeckt die Eiscreme so köstlich wie früher.
Den Laden hat Julia Frevel 2011 übernommen – keine leichte Entscheidung für sie, denn eigentlich wollte sie gerade ihre Doktorarbeit in Erziehungswissenschaft schreiben. Manchmal vermisst sie die pädagogische Theorie. Doch dafür sorgt sie heute praktisch täglich für Kinderglück, wenn Scharen von Kindern sich in dem kleinen Laden drängeln, vor der Theke fachsimpeln, um schließlich fröhlich mit einer Eistüte von dannen zu ziehen.
Tipp: Man kann den Besuch des Eisladens gut mit einem Elbspaziergang verbinden. Mit Zwischenstopp zum Beispiel im »Rosengarten«, wo man eine historische Besonderheit der Elbparks genießen kann: einen sogenannten 10 000-Mark-Blick. Mit dem Geld erkauften sich die Villenbesitzer der Elbchaussee einst eine freie Aussicht auf den Fluss. Heute erlauben sie auch uns Spaziergängern immer wieder grandiose Ausblicke auf Elbe, Schiffe und den gegenüberliegenden Containerhafen.

Elbufer und Elbvororte

29

BUS 286 HALBMONDSWEG

Alter Schwede und andere Steinreste

ELBSTRAND ÖVELGÖNNE
ALTER SCHWEDE: HÖHE HANS-LEIP-UFER
22605 HAMBURG-OTHMARSCHEN

BETONSOCKEL:
BUS 112 NEUMÜHLEN/ÖVELGÖNNE
HAFENFÄHRE 62 NEUMÜHLEN/ÖVELGÖNNE

TIPP

DIE STRANDPERLE, HAMBURGS ÄLTESTER BEACHCLUB
ÖVELGÖNNE 60
22605 HAMBURG
TEL. 040 880 11 12
WWW.STRANDPERLE-HAMBURG.DE

Sie sind nicht unbedingt Schmuckstücke des klassischen Hamburg-Spaziergangs am Elbufer von Övelgönne: der riesige Betonsockel direkt am Beginn des Sandstrands und der unförmige graue Findling unterhalb des Hans-Leip-Ufers. Aber beide gehören zur Geschichte des Ortes. Der eine war für die Ewigkeit gedacht, als Grundstein eines gewaltigen Umbaus des Elbufers und »ewiges Wahrzeichen deutscher Kraft und deutscher Leistung«. Der andere wurde hier aus der Elbe geborgen und erinnert an uralte Zeiten, als es noch gar keine Deutschen gab.
Der Betonsockel war als Fundament einer riesigen Hängebrücke über die Elbe vorgesehen,

die – zusammen mit einem Wolkenkratzer, prächtiger Volkshalle und einem großen Aufmarschplatz – das neue Wahrzeichen Hamburgs bilden sollte. Hitler selbst hatte Hamburg zu einer von fünf »Führerstädten« und zum nationalsozialistischen Tor zur Welt erklärt. Sein Lieblingsprojekt dabei war die Elbbrücke, die er – wie man erzählt – bei einer Hafenrundfahrt aus dem Stegreif entworfen hatte. Überliefert ist seine handgefertigte Skizze; 70 Meter hoch und mehr als 250 Meter freitragend sollte die Brücke werden. Vorbild: die Golden Gate Bridge in San Francisco.

Für den gesamten Umbau des Elbufers waren 70 000 Bauarbeiter und 25 Jahre Bauzeit eingeplant. Die größte architektonische Herausforderung dabei war Hitlers Elbbrücke. Konnte man Tragepfeiler von 185 Metern Höhe bauen? Dafür brauchte man ein Probefundament, zu dem Hitler höchstpersönlich den Grundstein legte. Die Tragfähigkeit konnte nicht mehr bewiesen werden, der Krieg machte dem gigantomanischen Projekt ein Ende. Da der Betonsockel schwer abzureißen war, funktionierte man ihn später zur Entlüftung des neuen Elbtunnels um. Wenn er nicht gerade in lauen Sommernächten als Reggae-Tanzfläche genutzt wird, stellt er heute ein ästhetisches Ärgernis dar, gibt aber auch Anlass zur Freude darüber, dass die geplante Überwältigungsarchitektur nicht realisiert wurde, bei der in Altona kein Stein auf dem anderen geblieben wäre.

Vor 400 000 Jahren, in der Elster-Eiszeit, blieb an derselben Stelle tatsächlich kein Stein auf dem anderen. Riesige Gletscher aus Skandinavien schoben Felsen, Steine, Geröll und Sand vor sich her. Als sie abtauten, blieben Erd- und Geröllmassen zurück, die als Endmoränen ganz neue Landschaften formten. In der Tiefe sammelten sich gewaltige Wassermassen. Wo das Schmelzwasser abfloss, entstanden das Elbe-Urstromtal und das heutige Flussbett der Elbe. 1999 stieß man bei Baggerarbeiten in 15 Metern Tiefe auf einen riesigen Stein, 217 Tonnen schwer, 20 Meter im Umfang und viereinhalb Meter hoch. Seine Bergung war nicht leicht. Als man ihn untersuchte, fand man Växjö-Granit, wie es ihn in Schweden gibt, und bestimmte sein Alter auf ca. 400 000 Jahre. Der »Alte Schwede« ist nicht nur Hamburgs ältester Einwanderer, sondern als bisher größter Findling in Deutschland auch die bedeutendste geologische Sehenswürdigkeit der Hansestadt. Er ist sogar getauft – natürlich mit Elbwasser.

30

HVV-FÄHRE 64, SCHNELLBUS 36 TEUFELSBRÜCK

Luzifers Kiosk

Himmel oder Hölle, Engels Café oder Luzifers Kiosk – das muss entscheiden, wer am Fähranleger Teufelsbrück etwas essen und/oder trinken möchte. Oben befindet sich das Restaurant Engel: vornehmes Weiß und ambitionierte Küche (»lackierter Bauch vom Landschwein«). Der Imbiss unten, von Gästen liebevoll »Luzifers Kiosk« tituliert, bietet Pommes für 2,50 Euro auf die Hand, dazu einen Becher Filterkaffee. Hier gibt's nur Selbstbedienung, auch die billigen Plastikstühle rückt man selbst dorthin, wo gerade Platz, Sonne und Windstille ist.

Die merkwürdige Namensgebung von Café, Imbiss und der ganzen Gegend geht auf eine al-

RESTAURANT ENGEL / LUZIFERS KIOSK
ANLEGER TEUFELSBRÜCK
22609 HAMBURG

te Legende zurück: Einst wollte man eine Brücke an der Mündung der Großen Flottbek in die Elbe bauen. Der Boden war schwierig, immer wieder versanken die Pfeiler im Schlamm. Eines Tages tauchte der Teufel auf und bot seine Hilfe an. Unter einer Bedingung: »Doch wer zuerst die Brück betritt, muss dafür in die Hölle mit!« Der Teufel hielt sein Versprechen. Als die Brücke feierlich eingeweiht wurde, stritten Bürgermeister und Pastor lautstark um die Ehre, als Erster die Brücke zu betreten. Aufgestört durch ihr Geschrei, hoppelte ein kleiner Hase über die Brücke. Der Teufel war angeschmiert und sprang voll Wut in die Elbe, wodurch das Wasser über die Flussufer trat.

Heute machen in Teufelsbrück die Schlepper fest, um die Hafenlotsen an Bord zu nehmen, hier legen auch die Fähren zum gegenüberliegenden Finkenwerder an. In Luzifers Kiosk ist man ganz nah dran am Geschehen, knapp über der Wasserlinie. Und wenn man nicht aufpasst, bekommt man sogar nasse Füße, wenn das Wasser der Bugwellen von großen Containerschiffen über den Ponton schwappt.

31

S1/S11 KLEIN FLOTTBEK/BOTANISCHER GARTEN, BUS 115 HOCHRAD/MARXENSTRASSE

Caspar Voghts Instenhäuser

Der Elbvorort Klein Flottbek gehört zu den exklusivsten Wohnlagen Hamburgs: Es gibt dort Villen, Parks und elitäre Sportclubs für Polo, Tennis, Hockey und Golf. Etwas merkwürdig in diesem edlen Ambiente nehmen sich die vielen Fachwerkhäuser aus – wie die sogenannten Instenhäuser gleich hinter dem Jenischpark.

Gebaut wurden sie im 18. Jahrhundert von Caspar Voght (1752-1839), dem damals alles Land hier gehörte. Als Sohn eines wohlhabenden Seidenhändlers weigerte er sich schon früh, seine »kostbare Lebenszeit zur Vermehrung des Vermögens« einzusetzen. Die Geschäfte überließ er seinem Jugendfreund Georg

INSTENHÄUSER
BARON-VOGHT-STRASSE 52-72
22609 HAMBURG

Heinrich Sieveking, der wie er Poesie, Aufklärung und die Französische Revolution liebte. Eine erfolgreiche Arbeitsteilung: Sieveking verdiente das Geld, das Voght in seine Hobbys – Armenfürsorge und Landwirtschaft – stecken konnte.
In Klein Flottbek baute er ein landwirtschaftliches Mustergut auf, die »Ornamented Farm«, in der das Nützliche mit dem Schönen verbunden werden sollte: einen modernen Landwirtschaftsbetrieb, der in einen kunstvoll angelegten englischen Park eingebettet war. 20 Jahre brauchte es, bis das verwilderte, morastige Gelände nach seinen Vorstellungen bebaut war. Vorbild war eine Farm in Birmingham, die er auf einer ausgedehnten Grand Tour kennengelernt hatte. Voght legte im Park Kartoffel- und Haferfelder an und ließ dort sogar das Vieh weiden. Die Felder wurden nach neuesten Methoden und mit modernen Geräten bewirtschaftet. Einige seiner Ideen waren wegweisend, wie das Mist-Recycling mit einer eigenen »Mist-Ewer-Flotte«, mit der Fäkalien aus Hamburg und Altona nach Klein Flottbek transportiert und in der gutseigenen Kompostanlage zu Dünger umgewandelt wurden. Mit solchen Ideen erhöhte er die Erträge in 30 Jahren auf das Vielfache. Doch Voght modernisierte nicht nur die Landwirtschaft, sondern verbesserte auch die

Lage seiner Landarbeiter. Während diese sonst nur tageweise entlohnt wurden, zahlte er ihnen das ganze Jahr über Lohn. Allerdings führte er auch Akkordarbeit ein, um die Arbeitsproduktivität zu erhöhen.

Von diesem Sozialexperiment sind noch die Instenhäuser zu sehen, die er 1792 für Landarbeiter bauen ließ. »Insten« wurden in Norddeutschland Menschen genannt, die weder Land noch ein Haus besaßen und deshalb zur Miete wohnen mussten. Das Instenhaus beim Jenischpark wurde nach einem Brand 1992 originalgetreu wiederaufgebaut: ein langgestreckter niedriger Strohdachbau, in dem sich kleine Wohnungen aus Wohnküche und Kammer aneinanderreihen. Es gab sogar winzige Gartenparzellen. Die Haustüren waren »Klöntüren«, die man in der oberen Hälfte öffnen und sich so zum Klönen hinauslehnen konnte. In Voghts Worten klang das so: »Glückliche Tagelöhnerfamilien saßen am Sonntag vor den freundlichen Wohnungen, die ich ihnen erbaut hatte.« Das mag geschönt sein, aber er war seiner Zeit weit voraus, gewährte er doch Lohnfortzahlung bei Krankheit, Witwenpensionen und finanzierte Unterricht für die Kinder. Ein Detail zeigt, dass er bei aller Sozialfürsorge doch immer auch kaufmännisch dachte: Das kleine runde Fenster an der schmalen Eingangsseite des Instenhauses diente einer Aufseherin, die zu Voghts Zeiten Eintritt für den Park kassierte.

32

S KLEIN FLOTTBEK, BUSSE 21, 115 ENDHALTESTELLE

Der brennende Dornbusch im Loki Schmidt Garten

LOKI SCHMIDT GARTEN (EHEMALS BOTANISCHER GARTEN KLEIN FLOTTBEK)
OHNHORSTSTRASSE 18
22609 HAMBURG

9 UHR BIS 1 ½ STUNDEN VOR SONNENUNTERGANG

»Ich hab' den Namen meines Mannes schamlos ausgenützt«, verriet Loki Schmidt einmal. Für ihn war das oft peinlich, den Botanischen Gärten in Hamburg aber kam es zugute. Denn Loki Schmidt war eine leidenschaftliche Pflanzensammlerin, die alles daran setzte, auch Außergewöhnliches nach Hamburg zu bringen. Wie zum Beispiel den brennenden Dornbusch, jenen berühmten Strauch, in dem der Bibel zufolge einst Gott dem zweifelnden Moses erschienen war. Der Originalstrauch der Sorte Rubus Sanguineus (heilige Brombeere) befindet sich in der Sinai-Wüste beim 1400 Jahre alten Katharinenkloster am Fuße des Mosesbergs, das Loki

Schmidt 1984 zusammen mit ihrem Mann besuchte. Sofort fragte sie den Abt, Erzbischof Damian: »Kann ich auch mal den Dornbusch ansehen?« Gatte Helmut schaute betreten zur Seite, der Abt aber schenkte ihr sogar ein 30 Zentimeter langes Zweiglein für ihren Garten in Langenhorn. Nachdem es dort nicht so recht gedieh, vermachte sie es schließlich dem Botanischen Garten Klein Flottbek.
Heute ist das Gewächs zwar immer noch etwas mickerig und unscheinbar, aber jedermann zugänglich im Bibelgarten, in dem einige der rund 110 in der Bibel vorkommenden Pflanzen versammelt sind und mit Bibelstellen erklärt werden. Daneben gibt es andere Themengärten wie Duft- oder Tastgarten, und eine botanische Weltreise führt vom norddeutschen Bauerngarten über Hochgebirgslandschaften bis zu einem beeindruckenden Wüstengarten am Schluss des Parcours. Den säumen seit 2005 zwei je 15 Meter hohe Pyramiden aus blauem Glas. Auch diese futuristischen Türme sind Loki Schmidt zu verdanken. Scheich Zayed bin Sultan Al Nahyan, der ihr 25 Jahre zuvor seine Gärten in Abu Dhabi gezeigt hatte, schenkte sie ihr und dem Botanischen Garten. Sie korrespondieren wunderbar mit dem blauen Loki Schmidt Haus, in dem Pflanzen von A bis Z geordnet und didaktisch gut aufbereitet präsentiert werden. Nicht zuletzt die Unerschrockenheit und Menschenzugewandtheit der Lehrerin aus Langenhorn machen den (kostenlosen) Besuch des Botanischen Gartens, der seit 2012 Loki Schmidt Garten heißt, zu einem tollen Erlebnis – auch und gerade mit Kindern.

33

S 1 BLANKENESE

Blankeneser Treppen

Anderswo heißt so etwas Hügel, in Blankenese nennt man sie Süll*berg* oder Wase*berg*: die kaum 90 Meter hohen Sanderhebungen, auf denen sich vor Jahrhunderten Fischer, Kapitäne und Schiffsbauer angesiedelt haben. Die Häuser sind klein, viele aus Backstein gebaut und mit Reetdächern gedeckt. Oft teilten sich zwei oder drei Familien Diele und Küche in einem sogenannten »Twee-« oder »Dreehus«. Dicht an dicht schmiegen sich die Häuschen an den Hang, dazwischen schmale Gassen und verwinkelte Treppenstiege, sie heißen »Steiler Weg« oder »Rutsch«. Treppauf ist es mühsam, man wird aber mit wunderschönen Blicken auf Reetdach-

TIPP

NICHT NUR IM WINTER TOLL:
DIE SCONES MIT CLOTTED CREAM IN DER ENGLISCH ANMUTENDEN ATMOSPHÄRE IN DER LÜHMANNS TEESTUBE
BLANKENESER LANDSTRASSE 29
22587 HAMBURG

MO - FR 9 - 23 UHR, SA 9 - 18 UHR,
SO 10 - 23 UHR
TEL. 040 86 34 42

häuschen, verwunschene Gärten mit Stockrosen, flatternder Wäsche und grünen Hecken belohnt. Und »tief unten blitzt die weite Welt«, wie der Blankeneser Dichter Hans Leip einst schrieb.
Diese weite Welt eroberten sich die Blankeneser schon früh über die Elbe: Fischfang betrieben sie nicht nur vor Ort, ihre Fanggründe reichten bis nach Holland. Im 19. Jahrhundert revolutionierten sie die Frachtschifffahrt, berühmt waren ihre Fruchtjäger, die Zitrusfrüchte in hohem Tempo aus Italien nach Hamburg, Rotterdam und Petersburg transportierten. Daraus entwickelten sich regelrechte Wettrennen: Die Kapitäne, die als Erste ihr Ziel erreichten, erhielten hohe Frachtprämien. Das spornte auch die Schiffsbauer des Ortes an. Sie erfanden immer schnellere Handelsschiffe: Topsegelschoner, Schonerbriggs, Briggs und Dreimastschoner. Damit überflügelten sie locker die Konkurrenz; 1842 war die Blankeneser Handelsflotte mit 243 Schiffen größer als die von Altona und Hamburg. Fast alle Männer des Ortes fuhren damals zur See. Aber dann verschlief man die Entwicklung der Dampfschiffe, sodass schon vor 1900 ihre Vormachtstellung in der Handelsschifffahrt verloren ging. Die Blankeneser sorgten für Ersatz und engagierten sich erneut in einem zukunftsträchtigen Wirtschaftszweig: dem Tourismus. Am noch heute wunderschönen Falkensteiner Ufer entstanden Ausflugslokale und Badeanstalten.
Die außergewöhnliche Blankeneser Schiffsbaukunst hat in einem Gefährt überlebt, das es so nur hier gibt: die Kreek, ein besonders schneller Schlitten. Kreeks sind Unikate aus Holz, kleine, flache, schwere Kisten mit hölzernen Kufen und einem bis zu sechs Meter langen Steuerholz zum Kurshalten. Gebaut werden sie von kleinen regionalen Werften, die berühmtesten stammen von der Taucherwerft Harmstorf. Dann braucht es nur noch Schnee, und ab geht es auf Schinkels Wiese zum Kreekfahren oder »Rüschen«, wie die Blankeneser seit Generationen ihr spezielles Wintersportvergnügen nennen. Wenn dann die Schlitten mit bis zu 80 Stundenkilometern den Berg hinuntersausen, lebt in ihnen die Erinnerung an die einstigen superschnellen Fruchtjäger fort.

34

BUS 189 TINSDALER KIRCHENWEG

Der Römische Garten an der Elbe

Italienisches Flair in den Elbvororten? Eher ungewöhnlich, traditionell fühlt man sich hier stärker zum Englischen hingezogen. Doch mitten in Blankenese am Elbhang gibt es ein Stück Italien. So versteckt allerdings und lange vernachlässigt, dass die meisten es kaum kennen: den Römischen Garten. Ein winziges Hinweisschild, dann gelangt man über einen Treppenweg in einen kleinen Park mit Zypressen und Zedern. Schmuckstück ist ein Miniatur-Amphitheater mit rasenbewachsenen Stufen im Halbkreis. Richtung Elbe rahmen akkurat geschnittene Eibenhecken die Bühne und lassen Fluss und Landschaft wie eine natürliche Theaterkulisse wirken.

RÖMISCHER GARTEN
FALKENSTEINER UFER
22587 HAMBURG

Den Grundstein dieses ungewöhnlichen Gartens legte Julius Richter. Mit Holsten-Bier hatte er sein Vermögen gemacht und 1880 ein großes Gebiet in Blankenese erworben – dort, wo auch andere reiche Kaufleute Parks anlegten, meist im englischen Stil. Richter aber träumte von Italien und ließ sich von seinem Bruder, der als Gärtner für den römischen Hochadel arbeitete, einen kleinen geometrischen Garten im Stil des Südens anlegen.

Als der Bierbrauer starb, kaufte Nachbar Moritz Warburg das Gelände. Sein Sohn Max engagierte 1913 Elsa Hoffa, die erste Gartenarchitektin in Hamburg, und gab ihr alle Freiheiten. Einzige Bedingung: Sie sollte ihn nicht mit Problemen behelligen, dafür gab's zum Gehalt 10% als »Ärgerprämie« extra. Sie muss das gut gemanagt haben, 17 Untergärtner arbeiteten unter ihrer Aufsicht, ganze Erdschichten wurden abgetragen, mit unzähligen Rosen und über tausend Buchsbäumen wurden Beete im Renaissancestil angelegt. Besonders das spektakuläre Amphitheater kam bei den kunstinteressierten Warburgs gut an.

Zwei Jahrzehnte lang waren Park und Theater Mittelpunkt rauschender Gartenfeste, Tanzpartys und Liebhaberaufführungen, bis die Nationalsozialisten die jüdische Familie vertrieben. Der Garten verwilderte und wurde teilweise zerstört. Als Eric Warburg 1945 nach Hamburg zurückkehrte, war die römische Terrasse ein Kartoffelacker. 1951 schenkten die Warburgs das Gelände der Stadt mit der Bitte um Restaurierung. Erst in den 1990er Jahren hatte die Stadt den Garten halbwegs wiederhergestellt, allerdings ohne die großen Rosenbeete.

Manchmal bekommt man eine Ahnung vom früheren Glanz des Gartens – im Sommer, wenn hier Freilichtaufführungen mit Theaterpicknick stattfinden. Zweihundert Zuschauer finden Platz. Man sitzt auf Decken oder Campingstühlchen, manche begnügen sich mit Frikadellen und Wein aus dem Tetrapak. Andere aber schlemmen Lachsschnittchen und trinken Champagner, ganz stilvoll aus Kristallgläsern. Wenn die Sonne untergeht und die Landschaft mit zarten Schleiern überzogen ist, fühlt man sich wie in der Campagna. Nur die großen Schiffe, die sich immer wieder ins Bild schieben, erinnern daran, dass wir in Hamburg sind.

Eppendorf und Hoheluft

35

U 1 KELLINGHUSENSTRASSE

Aby Warburgs Bibliothek

Geist und Geld gelten gemeinhin als Gegensätze. In der Kulturwissenschaftlichen Bibliothek Warburg ist das anders. Hier kommt bis in architektonische Details hinein die Idee zum Ausdruck, ökonomisches Kapital in geistiges Kapital zu verwandeln. Der Begründer der Bibliothek, der Kunsthistoriker Aby Warburg, war der älteste Sohn einer jüdischen Hamburger Bankiersfamilie, deren Bankhaus von 1798 an zu den führenden Privatbanken Europas gehörte. Den Gründungsakt der Bibliothek markiert eine Abmachung zwischen zwei Brüdern. Mit 13 Jahren verzichtete Aby gegenüber dem jüngeren Bruder Max auf sein Erstgeburtsrecht und über-

WARBURG-HAUS HAMBURG
HEILWIGSTRASSE 116
20249 HAMBURG

TEL. 040 428 38 61 48
WWW.WARBURG-HAUS.DE

ließ diesem das Erbe der Bank – unter der Bedingung, dass Max ihm jedes Buch finanziere, das er sich wünsche. Der teuerste Blankoscheck, den er je ausgestellt habe, klagte Max Warburg später. Immerhin bestand die Bibliothek 1933 aus 60 000 Bänden, die sämtlich von der Bank bezahlt worden waren.

Anfangs war die Bibliothek noch in Abys Privathaus in der Heilwigstraße untergebracht. Als 1924 die Zahl der Bücher auf 20 000 angewachsen war, finanzierten seine Brüder ihm einen eigenen Bibliotheksneubau auf dem Nachbargrundstück. Architekt Gerhard Langmaack entwarf das Gebäude nach Warburgs Wünschen. Keine leichte Aufgabe, denn der Bauherr hatte sehr eigene Vorstellungen wie z. B. die ungewöhnliche elliptische Form des Lesesaals.

Die Büchersammlung ist heute nicht mehr in Hamburg. Nach der Emigration der Familie 1933 wurde sie nach London gebracht und befindet sich dort im Warburg Institute. Das Haus in der Heilwigstraße wurde nach dem Krieg für wechselnde Zwecke genutzt, u. a. wurde hier 1952 die erste Tagesschau gedreht. 1993 kaufte die Stadt das Gebäude und übergab es nach denkmalgerechter Restaurierung der Warburg-Stiftung, die hochkarätige Vorträge und Symposien im berühmten ovalen Lesesaal veranstaltet.

Bis in Einzelheiten zeigt das Gebäude Warburgs Forschungsinteresse, das dem Nachleben der Antike in der Gegenwart galt. So ist z. B. Mnemosyne, der Name der griechischen Göttin der Erinnerung, im Inneren des Hauses über einem Türbalken eingraviert – in griechischen Lettern natürlich. Die Fassade ist zwar aus Klinkern, dem typischen Hamburger Baumaterial des frühen 20. Jahrhunderts, aber auch hier grüßt die Antike. Vier gemauerte Pilaster deuten eine antike Tempelfront an. Dezent zitiert das Bauwerk damit auch die Vorbauten von Bankgebäuden, die oft antiken Tempeleingängen nachempfunden sind. Ein architektonischer Verweis nicht nur auf das Nachleben der Antike, sondern auch eine Erinnerung an die finanzielle Trägerschaft der Bibliothek durch die Warburg-Bank.

36

U 3 EPPENDORFER BAUM/HOHELUFTBRÜCKE

Bonbon-Pingel auf dem Isemarkt

Schnell mal eben einkaufen – das klappt fast nie auf dem Isemarkt, Hamburgs berühmtestem Markt. Das ist auch gut so: Wer nur durchhetzt, verpasst das Wesentliche. Hier werden aus wortkargen Norddeutschen Kommunikationstalente – vor und hinter dem Verkaufsstand. Ob bei Fisch-Schloh, wo das malerisch drapierte Meeresgetier mit lauter Stimme angepriesen wird, oder beim Gemüsestand aus dem Alten Land, an dem die ganze Familie mithilft: Überall wird geklönt und geschnackt. Allerdings muss man warten, manchmal sogar lange. An manchen Ständen wird die Wartezeit poetisch verkürzt, wie bei den Nudeldamen, die nicht nur Steinpilz-

BONBON-PINGEL
DI & FR AUF DEM ISEMARKT
20149 HAMBURG

WWW.BONBON-PINGEL.DE

ravioli und Maultaschen anbieten, sondern jede Woche – passend zur Jahreszeit – ein anderes Gedicht von Rilke oder Ringelnatz auf ihre Tafel schreiben.

Niemand aber beherrscht die Kunst, das Warten angenehm zu gestalten, so gut wie Familie Pingel. Nötig ist das, weil nirgends so viel Gedränge herrscht wie an ihrem Bonbonstand. Rüstige Rentner stehen ebenso an wie drahtige Frauen im Joggingdress. Der Knabe, der nach langem Zaudern endlich einen Lolli für zehn Cent ersteht, wird genauso freundlich behandelt wie die Dame, die ihren gesamten Pralinenvorrat für einen Monat deckt. Und keiner der Wartenden murrt. Denn bei Bonbon-Pingel wird das Warten selbst zum Ereignis. Die resoluten Verkäuferinnen schenken jedem etwas, mal eine der salzigen Lakritzkreationen, für die Pingel seit Jahrzehnten berühmt ist, mal die neueste Trüffelvariation oder einen Cappuccinokeks. Da werden selbst Mütter schwach, die ihren Zöglingen sonst nur Zuckerfreies vorsetzen. Hier lernt man jedenfalls, was es bedeutet, »jemandem das Warten zu versüßen«.

37

U 3 HOHELUFTBRÜCKE, METROBUS 5 HOHELUFTBRÜCKE

Hoheluft und Falkenried

Der Stadtteil Hoheluft war bisher keine Gegend zum Bummeln, Einkaufen und Verweilen. Eher ein Nichtort. Zu dominant ist die Hoheluftchaussee, eine der großen Ausfallstraßen Hamburgs. Vorfahrt haben hier Autos oder der Metrobus 5, die meistgenutzte Buslinie Europas.
Vom Verkehr geprägt sind auch die Wohnformen des Quartiers, denn ab 1889 entstanden hier die Fahrzeugwerkstätten Falkenried, die zunächst Pferde-, dann Straßenbahnwagen bauten. Ganz Hamburg wurde damit versorgt, sogar der russische Zar bestellte hier Waggons. Dieser Betrieb machte aus dem ehemals idyllischen Dorf mit einzelnen Sommersitzen reicher Kaufleu-

FALKENRIED-TERRASSEN
FALKENRIED / LÖWENSTRASSE

FALKENRIED-QUARTIER
STRASSENBAHNRING / HOHELUFTCHAUSSEE
20251 HAMBURG

BUCHHANDLUNG STORIES!
STRASSENBAHNRING 17
TEL. 040 43 27 59 43
WWW.STORIES-HAMBURG.DE
FÜR DAS »ABENDBROT« UNBEDINGT
RECHTZEITIG RESERVIEREN!

te einen großstädtischen Vorort. Die Fabrik war einer der wichtigsten Arbeitgeber im Viertel. Extra für die Arbeiter baute man neue Siedlungen nach englischem Vorbild: die Falkenried-Terrassen, fünf schmale Privatstraßen, knapp hundertfünfzig Meter lang, mit einfachen niedrigen Wohnblocks. Die Wohnungen sind klein, das Dekor sparsam, alles steht hier unter dem Motto proletarischer Bescheidenheit.

Die Bewohner waren allerdings seit je kämpferisch, auch von den Nazis ließen sie sich nicht einschüchtern. Und als die Stadt Anfang der 1970er Jahre die Häuser verlottern ließ und zum Abriss freigab, erreichten die Mieter in jahrelangen Kämpfen, dass die Häuser unter Denkmalschutz gestellt und ab 1990 saniert wurden. Verwaltet werden sie seither von den Mietern selbst. Dieser Erfolg ist ein Glücksfall, denn die Falkenried-Terrassen sind nicht nur der größte zusammenhängende Komplex dieser für die Gründerzeit typischen Bebauungsform, sondern sorgen auch für soziale Mischung in der ansonsten hochbürgerlichen Gegend.

Klar, dass die klassenbewussten Anwohner erst einmal auf Distanz gingen, als nach Schließung der Straßenbahnfabrik 1999 das gesamte Werksgelände exklusiv umgestaltet wurde. Das alte Pförtnerhaus wurde zur schicken »Marsbar« mit Promipräsenz, das Verwaltungsgebäude stockte man mit futuristischen Penthäusern auf. Aus den alten Werkstätten wurden extravagante Stadthäuser mit Industrieflair, architektonisch hochinteressant. Man kann zwar durch das Gelände gehen, aber alles ist Privatgrund und sehr exklusiv.

Umso erstaunlicher, dass sich im Zuge dieser Exklusivsanierung in Richtung Hoheluft nicht nur neue Geschäfte wie ein Bio-Supermarkt angesiedelt haben, sondern dass hier auch ein neuer öffentlicher Raum entstanden ist, an dem Leute aus der ganzen Umgebung teilhaben. Im schicken Buchladen »stories!«, in dem Bücher wie kostbare Designobjekte präsentiert werden, gibt es regelmäßig »Abendbrot«: ein Glas Wein, dazu eine Käse- oder Wurststulle mit Gürkchen, alles umsonst. Während man isst und trinkt, stellen die Mitarbeiter und der Krimi-Experte aus der Nachbarschaft ihre jeweiligen Lieblingsbücher vor – sehr lebendig und keineswegs elitär. Immer ist der Laden voll, das Publikum gemischt, von Alt bis Jung. Eine gelungene Synthese aus proletarischer Geschichte und modernem Schick dieses einstigen Industriestandorts am Rande Eppendorfs.

38

U 3 HOHELUFTBRÜCKE, METROBUS 5 HOHELUFTBRÜCKE

Der Vorhang des Holi-Kinos

Der schönste Moment im Kino ist der, wenn endlich der Film beginnt. Nicht so im Holi. Hier ist der Vorhang der eigentliche Star. Auf sechs Meter breitem Stoff blitzt, glitzert und funkelt ein riesengroßes Hamburg-Panorama mit Wahrzeichen der Stadt: unten das markante Chilehaus, Jungfernstieg und Michel. Ganz oben blinkt das Riesenrad des Doms verführerisch in Rot.

Als der Vorhang 1951 zur Einweihung des Lichtspielhauses im großen Kinosaal 1 aufgehängt wurde, war er noch in schlichtem Grau. Zu fad, fand Kinobesitzer Johannes Betzel, schließlich sollten hier auch glamouröse Premieren stattfinden. Rasch musste ein Entwurf her, wahrschein-

HOLI-KINO
SCHLANKREYE 69
20144 HAMBURG
TEL. 040 422 30 40

lich beauftragte er Bühnenmaler des Deutschen Schauspielhauses, die den Stoff auch bemalten. Kurz vor der Eröffnung befestigten Künstlerinnen in mühsamer Kleinarbeit die vielen winzigen Glanzpartikel, die das textile Bild zum Leuchten brachten.

Vierzig Jahre später waren die Farben verblasst und der Glanz abgeblättert. Billiger wäre ein neuer Stoff gewesen. Doch inzwischen war der Vorhang selbst zum Symbol des Holi-Kinos und zum beliebten Hamburg-Emblem avanciert. Die Stadt stellte ihn unter Denkmalschutz und beteiligte sich an den 90 000 DM für seine Rettung. Ein halbes Jahr lang restaurierten Textilexpertinnen das Gewebe und machten dabei einen erstaunlichen Fund: Die Glitzerpailletten waren aus Bonbonpapier. Gute Idee, fanden die Restauratorinnen und verwendeten neben anderen Materialien auch Pralinenpapier, weil es so lebendig funkelt.

Ob die Damen von 1951 und 1990 besonders naschfreudig waren, wissen wir leider nicht. Dabei haben sie mit ihrem Bonbonpapier-Recycling den Holi-Vorhang nicht nur zu einem Publikumsliebling, sondern auch zu einem der schönsten Wahrzeichen der Hansestadt gemacht.

Rotherbaum und Harvestehude

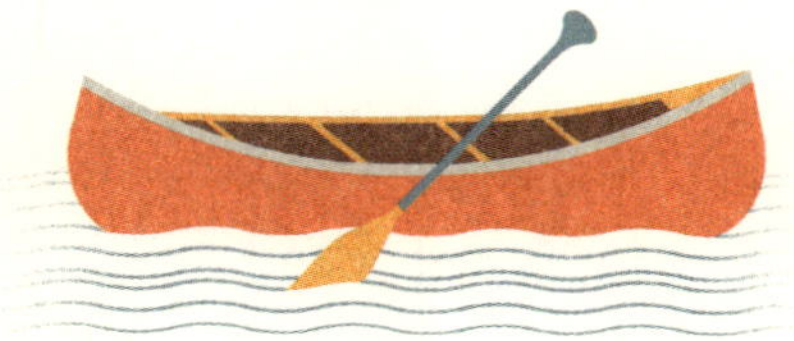

39

METROBUS 5 GRINDELHOF

Grindelviertel und Joseph-Carlebach-Platz

JOSEPH-CARLEBACH-PLATZ
20146 HAMBURG

CAFÉ LEONAR
GRINDELHOF 59
TEL. 040 41 35 30 11
WWW.CAFELEONAR.DE

Parkplätze waren immer knapp im quirligen Grindelviertel: Das »Abaton«, Deutschlands erstes Programmkino, Cafés und Restaurants locken viele Besucher an. Als man 1988 nicht mehr auf dem Bornplatz parken durfte, protestierten Kinogäste, Anwohner und Angestellte der nahe gelegenen Uni. Doch als sie die Geschichte des Ortes erfuhren, waren viele erschrocken: Die Erinnerung an die einstigen Bewohner war fast ausgelöscht.

Begonnen hatte die Ortserkundung mit einem Seminar des Archäologischen Instituts, das bei Grabungen auf Fundamente einer Synagoge gestoßen war. 1906 war die Bornplatz-Synagoge als erstes jüdisches Got-

teshaus in Hamburg nicht mehr im Hinterhof, sondern auf freiem Platz gebaut worden – mit 1200 Plätzen damals sogar Norddeutschlands größte Synagoge. Bilder zeigen einen pompösen Bau im damals beliebten neuromanischen Stil. So demonstrierten die Hamburger Juden ihre Zugehörigkeit zum Leben der Hansestadt. Nur die Kuppel schimmerte orientalisch-golden. Dass Hamburgs Hauptsynagoge gerade hier erbaut wurde, war kein Zufall. Denn seit Erhalt der Bürgerrechte 1860 waren wohlhabende Juden, Bankiers, Kaufleute und Ärzte in die neu entstehenden Villengebiete Harvestehude und Rotherbaum gezogen. Religiöses und geschäftliches Zentrum wurde die Gegend um den Grindelhof. Hier ließen sich viele kleine jüdische Gewerbetreibende und Händler nieder. Im Mittelpunkt standen Synagoge und Talmud-Tora-Schule, es gab Läden mit hebräischer Literatur, koschere Schlachter und andere Geschäfte. In den 1920er Jahren lebten hier ungefähr 10 000 Juden, fast die Hälfte der jüdischen Bevölkerung Hamburgs.

Doch das jüdische Leben war schon früh bedroht. Immer wieder gab es Anschläge auf die Synagoge und ihre Besucher. Seit 1930 bat die Gemeinde regelmäßig um Polizeischutz. Schlägertrupps verprügelten Juden, die abends über die Grindelallee gingen. Und die kamen nicht von auswärts: Schon seit 1925 gab es eine starke SA-Ortsgruppe Rotherbaum, die auch von örtlichen Händlern unterstützt wurde. Im November 1938 zündeten Nationalsozialisten die Synagoge an, später musste die Gemeinde das Grundstück weit unter Wert an die Stadt verkaufen und die Reste des Gotteshauses abreißen – auf eigene Kosten.

Nach dem Krieg tat man zunächst alles, um die Schandtaten vergessen zu machen. Erst mit den Ausgrabungen der Synagoge begann die Aufarbeitung der jüdischen Geschichte des Viertels. Den Anfang machte 1988 die Neugestaltung des ehemaligen Parkplatzes. Nur ein schlichtes Mosaik schmückt den Boden: Zwei einander überlagernde Linien aus matten und glänzenden Granitsteinen zeichnen Grundriss und Kuppelumfang des einstigen Gotteshauses nach. Benannt ist der Platz nach Joseph Carlebach, dem letzten Oberrabbiner der Synagoge.

Der leere Platz erinnert daran, dass das einstige jüdische Leben am Grindel unwiederbringlich verloren ist. Aber er markiert auch einen vorsichtigen Neubeginn. Seit 2007 ist die benachbarte Talmud-Tora-Schule das neue Zentrum der jüdischen Gemeinde, die inzwischen wieder auf 3000 Mitglieder angewachsen ist. Dazu gehören Kindergarten, Ganztagsschule und Jugendzentrum. Ganz in der Nähe wurde 2008 ein Kaffeehaus mit einem jüdischen Salon, koscheren Speisen und einer Buchhandlung für jüdische Literatur eröffnet. Es ist das erste neue jüdische Café in Hamburg.

40

U 1 HALLERSTRASSE, S-BAHNEN SOWIE METROBUS 5 DAMMTOR

Der Hörsaal im Museum für Völkerkunde

Für den Film »Der Campus«, der an der Hamburger Universität spielt, suchte Regisseur Sönke Wortmann 1997 verzweifelt Originaldrehorte. Das Problem: Alles war ihm viel zu »popelig« und entsprach so gar nicht seinen Vorstellungen einer altehrwürdigen Universität. Schließlich fand er einen schönen holzgetäfelten Hörsaal mit steil ansteigenden Bankreihen – allerdings außerhalb der Uni, im Museum für Völkerkunde. Zufall oder Absicht: Wortmann hatte damit den Hörsaal wiederentdeckt, in dem tatsächlich die ersten Vorlesungen der Hansestadt stattfanden – im Rahmen des 1908 gegründeten »Kolonialinstituts«, eines Vorläufers der Universität.

HÖRSAAL IM MUSEUM FÜR VÖLKERKUNDE
ROTHENBAUMCHAUSSEE 64
20148 HAMBURG

TEL. 040 42 88 790
DI - SO 10 - 18 UHR
DO 10 - 21 UHR

Mit Universitäten hatte es die Hamburger Kaufmanns- und Bürgerschaft nicht, die Wissenschaften genossen einen schlechten Ruf. Das zeigt eine Anekdote, in der ein Familienrat über die Zukunft des Sohns einer Im- und Exportfirma berät, bis die Seniorin entscheidet: »Lassen wir ihn studieren, für Zucker [also fürs Kaufmännische] ist er zu dumm.« Der übliche Lebensweg eines Hamburger Kaufmanns führte vom Gymnasium über Kaufmannslehre und Übersee-Praktikum ins Geschäft. Doch ab Mitte des 19. Jahrhunderts, in der Hochzeit des Kolonialismus, an dem die Hamburger Kaufleute blendend verdienten, änderte sich das Anforderungsprofil. Denn infolge der Gründung vieler Handelsniederlassungen in Afrika, Asien und Südamerika brauchte man Leute für deren Verwaltung. Das Know-how dafür boten die Kolonialwissenschaften, die vor allem praktisch konzipiert und in ihrer Forschung ganz dem Kolonialgedanken verschrieben waren.

Eine Universität wurde freilich immer noch nicht für nötig gehalten. Um 1900 befand sich die Stadt auf dem Höhepunkt ihrer Wirtschaftskraft und setzte ganz auf Kolonialpolitik. Wozu brauchte man da noch Philosophie, Latein und Literaturwissenschaft! Mit diesem Argument wurden weiterhin alle Diskussio-

nen um eine Universitätsgründung abgeblockt. Auch als die Universität 1919 – nach Novemberrevolution und Ausrufung der Republik – endlich gegründet wurde, geschah dies nicht auf Bestreben der Kaufmannschaft, sondern wurde vor allem von Sozialdemokraten und Volksschullehrern vorangetrieben, die Bildung für alle forderten.
An die demokratische Tradition der Hamburger Universität erinnern die Namen der Hörsäle im Hauptgebäude, die nach Ernst Cassirer, Agathe Lasch und anderen, wegen ihrer jüdischen Herkunft verfolgten WissenschaftlerInnen benannt sind. Der Hörsaal im Völkerkundemuseum (der einem geöffnet wird, wenn man nett an der Kasse fragt) ist heute Ort für Vorträge und Veranstaltungen – zum Glück nicht mehr im Sinne des Kolonialismus.

41

U 1 HALLERSTRASSE, S-BAHNEN DAMMTOR

Die Südseemasken im Museum für Völkerkunde

MUSEUM FÜR VÖLKERKUNDE
ROTHENBAUMCHAUSSEE 64
20148 HAMBURG

DI - SO 10 - 18 UHR
DO 10 - 21 UHR

Der Raum ist nur spärlich erleuchtet, man hört Flöten- und Trommeltöne, überall starren einen groteske Masken an: Wir sind im dunklen Herzstück des Völkerkundemuseums, im Saal der Südseemasken, der eine der weltweit bedeutendsten Maskensammlungen birgt. Fratzen mit überdimensionalen Ohren, schrägstehenden Augen, wirren Haar- und Federbüscheln, Schweine mit gebogenen Hauern und sogar ein Krokodil blicken fremd und unheimlich auf die Besucher. Auch wer nicht an Geister glaubt, kann sich der furchteinflößenden Aura der Masken kaum entziehen.

Dem Glauben vieler Südseevölker zufolge treiben die Ahnen

noch lange nach dem Tod ihr Unwesen und nehmen als Geister am Stammesleben teil. Dem liegt die Vorstellung zugrunde, dass der Mensch zwei Seelen hat und eine im Körper bleibt, während die andere aus dem Totenreich neidvoll auf die Lebenden schaut. Ahnen sind verantwortlich für den Fortbestand des Stammes, für Fruchtbarkeit, Ernte und Schutz vor Krankheiten. Ihr Andenken zu ehren ist Aufgabe vieler Kulte, zu denen auch Masken gehören, mit denen die Geister besänftigt werden sollen. Wie aber kamen die Masken hierher, und woher rührt das Interesse an ihnen? Am Anfang standen – wie könnte es in Hamburg anders sein – ökonomische Motive. Die Sammlung geht zurück auf Johan Cesar VI. Godeffroy, den Hamburger »Südseekönig«, der 1845 die väterliche Firma übernommen hatte. Während sein Vater noch den Typ des gemeinnützigen Kaufmanns verkörperte, war er nur darauf aus, »jedes Jahr wieder der Erste zu sein, den höchsten Gewinn zu erzielen«. Dazu wagte er sich mit seinen Schiffen in die Südsee, die noch bis 1870 als gefährlich galt. Er tauschte europäische Textilien, Nägel, Spiegel und Mundharmonikas gegen Kopra und Kokosöl, erwarb Land, um Kokospalmen zu pflanzen, und gründete zahlreiche Niederlassungen. Mit 45 Filialen und 36 Schiffen besaß die Firma um 1870 das absolute Handelsmonopol in der Region.

Was sollte man den unbekannten Inselbewohnern anbieten, um Handel mit ihnen zu treiben? Und wie waren sie zur Arbeit auf den Plantagen zu bewegen? Aus wirtschaftlichen Motiven entstand allmählich Interesse für die Kultur der Südseevölker. Godeffroy finanzierte Expeditionen und beauftragte unter dem Motto »Alles in's Große« Naturaliensammler, Gegenstände für sein 1861 gegründetes Museum zusammenzutragen. Seine Sammlung gilt als Beginn der systematischen Erforschung der südpazifischen Inselwelt. Godeffroy habe als Erster dem deutschen Volk »sichtbare Zeichen der dortigen Cultur oder Uncultur« vorgeführt, heißt es in einer Laudatio von 1885. Ihm selbst brachte die Sammlung kein Glück. Er ging 1879 in Konkurs. Da Hamburg zu geizig war, erwarb ein Leipziger Museum den größten Teil seiner Sammlung. Nur einige Rest-Gegenstände wanderten schließlich ins Hamburger Völkerkundemuseum.

Im Maskensaal befinden sich nur wenige, aber exquisite Exponate aus Godeffroys Sammlung. Den Eingang bewachen zwei wunderschöne Holzfiguren vom Nukuoro-Atoll in Mikronesien. Sie stellen vergöttlichte Ahnen dar, die über das Tun der Lebenden wachen. Die Figuren aus dem 19. Jahrhundert beeindrucken mit minimalistischer Abstraktion, lange bevor die europäische Kunst ähnliche Versuche unternahm. Wer das Menschliche so auf das Wesentliche konzentrieren kann, ist sicher kein Beispiel für »Uncultur«.

42

U 3 EPPENDORFER BAUM

Paddeln auf der Alster

»Über Geld spricht man nicht« – bei Alsterrundfahrten wirft man diese Regel gern über Bord. Hauptthema der schwimmenden Stadtführung: Wie teuer welche Villa war und was die Besitzer verdienen. Wen das langweilt, sollte selbst ein Boot mieten und die Hamburger Topographie rund um die Alster auf eigene Faust erkunden.

Guter Ausgangspunkt ist der Bootsverleih am Isekai. Auf kleinen Kanälen gelangt man vorbei an Trauerweiden und Seerosen zur Außenalster. Haubentaucher und Schwäne begleiten uns, manchmal kläfft ein Hund vom Ufer herüber. Neben verwilderten Gärten mit Schuppen liegen romantische Lauben in

BOOTSVERLEIH
NOAS
ISEKAI 1
20251 HAMBURG-EPPENDORF
TEL. 040 41 30 52 71

prachtvollen Parks. Und immer wieder Villen. Die elegantesten finden sich am Feenteich an der Schönen Aussicht, einer der besten Alsteradressen überhaupt. Die klassizistische Villa an der Südwestecke, von Martin Haller 1868 gebaut, ist das Senatsgästehaus und beherbergte prominente Gäste wie Lady Di oder den Dalai Lama. Kein Ausflugsdampfer gelangt hierhin, der Teich darf nur mit kleinen Booten befahren werden. Das nutzen Hamburger, die sich solche Wohnungen nicht leisten können. An schönen Tagen tummeln sich hier viele Boote.

Boot fahren auf der Alster ist kein einsames Naturerlebnis, sondern geselliger Stadtausflug. Man begegnet Großfamilien, Männercrews, Paaren oder singenden Rentnern. Das passt den reichen Anwohnern nicht immer, aber – auch das ist Hamburg – die Alster gehört allen, sogar das exklusivste Uferstück am Harvestehuder Weg. Früher reichten die Grundstücke hier bis ans Wasser, 1953 wurden sie für die Bundesgartenschau enteignet. Und seither können wir in bester City-Lage Rasen, Bänke und bequeme Stühle zur Rast nutzen – eine Parklandschaft am Wasser für alle.

Winterhude und Barmbek

43

U 3 BORGWEG ODER SAARLANDSTRASSE, BUS 20 JAHNRING

Die große Festwiese im Stadtpark

Einem einzigen Mann gehörte am Ende des 19. Jahrhunderts fast ganz Winterhude: dem Goldschmied und Großgrundbesitzer Adolf Sierich. Allein sein Jagdgebiet – das Sierich'sche Gehölz – umfasste 35 Hektar. Zu viel Privatbesitz, fand die Stadt angesichts des raschen Bevölkerungswachstums in dieser Zeit und kaufte 1901 das gesamte Gelände. Ein geeigneter Platz für ein städtebauliches Experiment: Hier sollte ein großer Park nur für das Volk entstehen, so die Idee von Hamburgs Oberbaudirektor Fritz Schumacher. Für die Planung richtete die Stadt extra »Grünverwaltungen« ein, erster Hamburger Gartendirektor wurde Otto Linne.

STADTPARK
22303 HAMBURG-WINTERHUDE

Die Gestaltung wurde damals heftig diskutiert. Die eine Fraktion wollte an Hamburgs große Tradition der englischen Landschaftsparks anknüpfen. Die andere – zu der Schumacher und Linne zählten – wollte eine radikal andere Gestaltung. Die neue soziale Funktion – Erholung, Spiel und Sport für die Massen statt für einzelne betuchte Bürger – erfordere neue Formen, eine moderne Landschaftsarchitektur. Schumacher und Linne setzten sich durch: Der Stadtpark wurde nach geometrischen Prinzipien angelegt, Achsen teilten die Flächen symmetrisch auf, geometrisch begrenzt von Bäumen und Hecken: grüne Räume in geordneter Natur. Die Parkanlagen entstanden im Wesentlichen bis 1914, wurden international viel beachtet und zum Vorbild für andere Metropolen. Schmuckstück ist die große Festwiese, Teil der Zentralachse des Parks. Von ihrem höchsten Punkt, dem majestätischen Turm des Planetariums, erstreckt sie sich bis zum Stadtparksee (der heute zum Teil Natur-Freibad ist). In den zwanziger Jahren fanden hier viele Volksfeste statt, man feierte hier den 1. Mai und richtete Sportwettkämpfe aus. Die Nationalsozialisten nutzten die Wiese für Riesenaufmärsche. Im Krieg war hier eine der größten Flugabwehrstellungen positioniert, wodurch der Stadtpark zu einem Hauptangriffsziel und

teilweise zerstört wurde. Beim Wiederaufbau sparte man sich die Allee- und Randbepflanzungen.
Heute wird die fast vierzehn Hektar große Fläche besonders an schönen Sommertagen voll genutzt. Dann wird die Festwiese regelrecht bewohnt: Hier grillen türkische Großfamilien, in der Mitte teilen sich Fußballspieler, Frisbeewerfer und Volleyballer friedlich den Platz. Am Rand liegen Sonnenanbeter Handtuch an Handtuch. Auf den Wegen rundherum tummeln sich Spaziergänger, Jogger und Fahrradfahrer. Ein demokratischer Ort, ein Ort der Vielfalt und der Toleranz im Grün mitten in der Großstadt, ein »Freiluft-Volkshaus«, wie es sich Schumacher einst erträumt hatte.
Wem es auf der Festwiese zu eng ist, findet ein paar Schritte weiter abgeschiedene lauschige Plätze, denn es gibt viele Extra-Gärten – einige auch im damals verpönten englischen Landschaftsstil. Auf dem Rhododendronpfad ist man oft ganz allein, selbst im Mai und Juni, wenn es dort verschwenderisch weiß, rosa und lila blüht. Beliebt bei Kindern ist das große Planschbecken mit eigenem Sandstrand und riesigem Spielplatz. An die ursprünglichen Jagdgründe des Herrn Sierich erinnert nur noch das ehemalige Försterhaus an der Otto-Wels-Straße.

44

BUS 173 BIS GROSSHEIDESTRASSE

Die Kranzjungfrau der Schiffszimmerer

Finanziert wurde die in den 1920er Jahren entstandene Jarrestadt zwar von mehreren – privaten und gemeinnützigen – Bauherren, Einfluss auf die Architektur aber hatten sie nicht, um die einheitliche Gestalt der Arbeitersiedlung zu wahren. Nur die Dekoration durfte mitbestimmt werden. Das ließen sich die Schiffszimmerer nicht zweimal sagen. An einem Klinkerbau platzierten sie stolz ihr Wahrzeichen: die Kranzjungfrau. Wie eine Reliquie hält eine junge Frau ein Schiff in den Händen, unter der Skulptur hängen zwei grüne Laubkränze aus Stein.

Die Geschichte dazu steht auf einer Tafel daneben: Eine Kauf-

KRANZHAUS
GROSSHEIDESTRASSE 20-30 / ECKE
STAMMANNSTRASSE
22303 HAMBURG-WINTERHUDE

mannstochter verliebte sich unstandesgemäß in einen jungen Schiffszimmerer. Heiraten durfte sie ihn erst, wenn er sich auf einer großen Seereise bewährt hätte. Der Bräutigam ging auf große Fahrt, das Schiff verunglückte, der junge Mann starb in rauer See. Die Jungfrau blieb unverheiratet. Später vererbte sie ihr schönes Kaufmannshaus am Brook der Zunft der Schiffszimmerer. Die schmückten ihr neues Zunfthaus in Erinnerung an die ewige Liebe der edlen Spenderin mit zwei immergrünen Kränzen. Eine schöne, traurige Geschichte »aus alten Zeiten«, die erzählt, wie aus Not, Tod und Verlust etwas Neues entsteht – und damit zugleich die Geschichte der Schiffszimmerer vorwegnimmt. Sie waren eine selbstbewusste Zunft, denn ohne sie ging nichts im Werftbau. Sie bauten Fischerboote, Ewer, Koggen und Clipper für die Weltmeere. Eine harte Arbeit, die Kraft und Sorgfalt erforderte, denn von ihr hing die Sicherheit der Schiffe ab. Als ab Mitte des 19. Jahrhunderts Dampfer aus Eisen und Stahl die Segler auf den Weltmeeren ersetzten, verloren immer mehr Schiffsbauer ihre Arbeitsplätze. Doch kampflos gaben sie nicht auf. Stattdessen gründeten sie 1875 die Schiffszimmerergenossenschaft als Anlaufstelle für verarmte Kollegen.

Als größtes Problem stellte sich bald die wachsende Wohnungsnot heraus, die sich durch die Vertreibung Zehntausender für den Bau der Speicherstadt immer mehr zuspitzte. Zuerst kaufte die Genossenschaft Wohnhäuser, um sie ihren Mitgliedern günstig zu vermieten. Bald aber baute sie selbst Wohnungen auf billigem Baugrund der Stadt – mit einem Komfort, um die viele die Genossenschaftsmitglieder beneideten: Es gab eigene Bäder, Spülklosetts und Balkone. Im Unterschied zu den Mietshäusern der Grundstücksspekulanten achtete die Genossenschaft stets auf genügend Abstand zwischen den Bauten. Damit prägte sie früh einen neuen Typ von Arbeitersiedlungen – noch vor dem berühmten sozialen Wohnungsbau der 1920er Jahre unter Schumachers Ägide.

Schließlich wurde der Wohnungsbau sogar zum einzigen Zweck der Genossenschaft, wie das Statut von 1914 festhält: »Erwerbung und Vermietung kleiner, gesunder Wohnungen zu billigen Mietpreisen«. Heute sind die Schiffszimmerer Hamburgs älteste Wohnungsgenossenschaft und einer der wichtigsten Bauträger der Stadt. Längst sind sie in den ersten Kreisen der Hamburger Gesellschaft angekommen. 1988 wurde der Urenkel eines Genossenschaftsgründers, Wilhelm Lohmann, sogar Hamburgs Erster Bürgermeister: Dr. Henning Voscherau. Der traditionelle Beruf der Schiffszimmerer ist längst ausgestorben. Wie ihre Arbeit einmal aussah, ist nur noch auf Bauschmuck zu betrachten: etwa in der Neustadt am Memelhaus (siehe S. 37) auf einem Bronzerelief, das Schiffszimmerer bei der Arbeit zeigt.

45

U 1 BORGWEG ODER SAARLANDSTRASSE, BUS 173 GROSSHEIDESTRASSE

Die Waschküche in der Jarrestadt

Hochgelobt als Höhepunkt des Städtebaus der Weimarer Republik, wirkt die Jarrestadt auf Luftaufnahmen eher wie eine Massenwohnsiedlung. Auch aus der Nähe sind die hohen Klinkerfassaden nicht sehr einladend. Tritt man hingegen durch einen der vielen Torbögen, in der Novalisstraße zum Beispiel, öffnet sich ein lichter großzügiger Innenhof mit Bäumen, liebevoll gepflegten Blumenbeeten und Bänken. Dazu ein Spielplatz und in der Mitte eine Gemeinschaftswaschküche: Hamburgs erster Waschsalon in einer Arbeitersiedlung.

Gebaut wurde der Otto-Stolten-Hof 1929 von Architekt Karl Schneider unter Leitung

OTTO-STOLTEN-HOF
EINGANG NOVALISWEG 24
22303 HAMBURG-WINTERHUDE

von Hamburgs Oberbaudirektor Fritz Schumacher, der die gesamte Siedlung konzipiert hatte. Die Idee: helle, komfortable, moderne Wohnungen mit Bad und Zentralheizung für Arbeiterfamilien, die bisher meist in engen dunklen Mietskasernen ohne sanitäre Anlagen gelebt hatten. Im Stil des »neuen Bauens« entstanden schlichte, meist vierstöckige Häuserzeilen, die durch niedrige Quertrakte zu Höfen miteinander verbunden waren. Statt an der Straße lagen auch die Hauseingänge in den Höfen, die das kommunikative Zentrum der Anlage bildeten.

Hier lagen Gemeinschaftseinrichtungen wie die damals supermoderne Waschküche im Otto-Stolten-Hof. Die technische Ausstattung war eindrucksvoll: Neben modernsten Waschmaschinen gab es sogar zwei Heißmangeln für die Bettwäsche, dazu zwölf Bügelbretter, ebenso viele Plätteisen, alle nebeneinander aufgereiht. Pro Kilo Wäsche zahlten die Mieter sechs Pfennige.

Eine fantastische Arbeitserleichterung, erinnert sich Lore Mahr, eine der Mieterinnen von damals. Dennoch zogen am Ende nicht so viele Arbeiterfamilien wie gewünscht in das Prestigeprojekt ein. Die Wohnungen waren zu teuer, 75 Mark Miete für drei Zimmer konnten sich viele nicht leisten. Besonders die Ausgaben für Waschküche und Extrakomfort hatten die Baukosten erheblich in die Höhe getrieben.

Die Waschküche existiert noch immer. Vier Waschmaschinen, zwei Trockner und eine Heißmangel stehen zur Verfügung, allerdings werden sie nicht mehr von vielen benutzt. Doch der Hof ist – vor allem an schönen Sommertagen – beliebtes kommunikatives Zentrum. Hier treffen sich die Mieter auch heute noch gern – einfach »zum Schnacken«, wie der nette Hausverwalter Calogero Vitale berichtet.

Wandsbek und Rahlstedt

46

U 1 WANDSBEKER MARKT

Freud in Wandsbek

FREUD-GEDENKTAFEL

CLAUDIUSSTRASSE 5 / ECKE SCHLOSSSTRASSE
22041 HAMBURG WANDSBEK

MATTHIAS-CLAUDIUS-GEDENKSTEIN
WANDSBEKER GEHÖLZ
(HINTER DEM KINDERGARTEN)

Der dunkelhaarige junge Mann aus Wien fiel auf, als er im Juli 1882 die Wandsbeker Claudiusstraße auf und ab ging. Das war ihm gar nicht recht, denn er wandelte auf Freiersfüßen, was die Familie der Braut aber nicht mitbekommen sollte. Die Braut hieß Martha Bernays, der Bräutigam Sigmund Freud.

Martha stammte aus einer angesehenen jüdischen Familie – Großvater Isaac Bernays war Oberrabbiner in Hamburg –, ihr Vater aber hatte 1867 für seine kleine Leinen- und Weißwarenhandlung in der Innenstadt Insolvenz anmelden müssen und war sogar wegen betrügerischen Bankrotts zu einem Jahr Gefängnis verurteilt worden. Die Fami-

lie floh nach Wien, wo sich Freud und Martha im April 1882 kennenlernten und kaum zwei Monate später heimlich verlobten. Mutter Emmeline sah die Verbindung mit dem armen Schlucker ohne festen Job nicht gern, sie betrieb sogar sofort den Umzug nach Wandsbek, wo ihr Bruder lebte.

Vier Jahre dauerte die Verlobungszeit, in der sich die beiden nur sehr selten sahen, da Freud auch als Assistenzarzt das nötige Geld für Reisen nach Hamburg fehlte. Dafür schrieben sie sich manchmal mehrmals täglich. Der legendäre Briefwechsel umfasst über 1500 Briefe, in denen es nicht nur um die Liebe zwischen Wandsbek und Wien ging, sondern in denen Freud auch das von ihm erst später entwickelte Verfahren der Psychoanalyse im brieflichen Dialog mit der Braut an sich selbst erprobte.

Die Hochzeit konnte erst nach einer Sammelaktion in Marthas Familie und bei Freunden stattfinden. Im September 1886 wurden Sigmund Freud und Martha Bernays dann endlich vom Wandsbeker Rabbiner David Hanover getraut.

In Erinnerung an das berühmteste Brautpaar Wandsbeks und als Hommage an den Begründer der Psychoanalyse wurde im November 2005 in der Bezirksversammlung Wandsbek die Umbenennung der Wandsbeker Allee in Sigmund-Freud-Allee vorgeschlagen. Die Bezirksversammlung entschied dagegen, weil vor allem Geschäftsleute protestierten. Stattdessen stellte man eine Erinnerungstafel in der Claudiusstraße 5 auf. Dort hatte Freud die Nacht vor der Hochzeit bei Marthas Onkel Eli Philipp verbringen müssen – um die traditionellen jüdischen Hochzeitsgebete zu pauken, die er eigentlich ablehnte. Ein merkwürdiger Ort für das Freud-Gedenken in Wandsbek. Besser passen würde der Ort, an dem sich der junge Arzt und seine Verlobte im Sommer 1882 doch noch zu ihrem ersten Rendezvous in Hamburg trafen: der Claudius-Gedenkstein im Wandsbeker Gehölz.

47

U 1 WANDSBEK-MARKT

Schimmelmann-Mausoleum und Claudius-Grab

Wandsbek steht nicht auf der Liste der meisten Hamburg-Besucher. Dabei befindet sich hier das schönste Monument des norddeutschen Klassizismus, allerdings versteckt auf einem schmalen Streifen zwischen breiten Autostraßen: das Schimmelmann-Mausoleum. Das strahlend weiße »Pantheon von Wandsbek«, eine deutsch-italienische Koproduktion der Architekten Carl Gottlob Horn und Giovanni Antonio Antolini, stellt eine gelungene Übersetzung antiker Proportionen ins Norddeutsche dar.

Heinrich Carl von Schimmelmann, der hier zusammen mit seiner Frau Caroline begraben ist, war der reichste Mann Däne-

SCHIMMELMANN-MAUSOLEUM
UND CLAUDIUS-GRAB
HISTORISCHER FRIEDHOF
WANDSBEKER MARKTPLATZ
(HINTER DER CHRISTUSKIRCHE)
22041 WANDSBEK

marks. Ohne ihn gäbe es Wandsbek nicht. Marodierende Banden und verödete Höfe prägten das Bild einer der ärmsten Gegenden Dänemarks, als der zu Geld gekommene und geadelte Graf von Schimmelmann 1762 das Wandsbeker Schloss mitsamt dem ganzen Ort kaufte. Er ließ das alte Schloss abreißen, baute eine neue Residenz mit vielbewunderten Gärten, zog Handwerker an und gründete eine Kattunfabrik, die armen Waisenkindern Arbeit gab.

Andererseits lohnt ein Blick, worauf Schimmelmanns Reichtum beruhte: Er war größter Sklavenhändler Dänemarks und perfektionierte als Plantagenbesitzer, Fabrikant, Reeder und Sklavenhändler in Personalunion den sogenannten Dreieckshandel: Auf Plantagen in der Karibik (die er 1763 dem bankrotten dänischen König abgekauft hatte) ließ er Zuckerrohr produzieren und von dort zu Schiff nach Europa bringen, wo es in seinen Ahrensburger Fabriken zu Rum destilliert wurde. Den Rum tauschte er in Westafrika gegen Sklaven, die er auf seinen Plantagen brauchte oder nach Amerika weiterverkaufte. Mit dem Geld aus dem Sklavenhandel erwarb er billige Rohstoffe wie Baumwolle, die nach Europa gebracht, in Wandsbeker Kattunfabriken gebleicht und zu Stoffen verarbeitet wurde, um diese wiederum teuer an Afrikaner zu verkaufen. Alles in einer, seiner Hand.

Für Wandsbek war das der Beginn eines wirtschaftlichen Aufstiegs, Schimmelmann galt als großer Wohltäter. Sich selbst begriff er, obwohl geadelt, immer als Bürger – und Aufklärer. 1771 gründete er den *Wandsbeker Boten*, die wichtigste Zeitung der Aufklärung in Hamburg, und engagierte als Chefredakteur Matthias Claudius, der bedeutende Köpfe wie Lessing, Klopstock und den jungen Goethe als Beiträger gewann. Claudius schrieb auch selbst, schwärmte von der Natur und dichtete »Der Mond ist aufgegangen«. Die Gedanken der Aufklärung aber nahm er so

ernst, dass er sogar vor Kritik am eigenen Arbeitgeber nicht zurückschreckte: 1773 erschien im *Wandsbeker Boten* »Der Schwarze in der Zuckerrohrplantage«, das erste deutsche Gedicht gegen die Sklaverei: »Weit von meinem Vaterlande/muß ich hier verschmachten und vergehn ohne Trost, in Müh' und Schande/Ohhh die weißen Männer!! klug und schön!/Und ich hab den Männern ohne Erbarmen/nichts gethan.«
1775 wurde der *Wandsbeker Bote* eingestellt und Claudius entlassen – nicht wegen des Gedichts, sondern aufgrund finanzieller Verluste. Das Grab des Dichters und seiner Frau liegt nur ein paar Schritte entfernt vom prächtigen Mausoleum. Ein denkwürdiger Kontrast: hier der pompöse Bau – und da die beiden einfachen eisernen Grabkreuze, deren ehemals goldenen Inschriften kaum noch zu entziffern sind. Immerhin: Zum 200. Todestag des Dichters 2015 soll das Grab saniert werden.

48

BUS 462 NATURSCHUTZGEBIET HÖLTIGBAUM

Haus der Wilden Weiden

Truppenübungsplätze haben auch ihr Gutes – wenn sie nicht mehr in Betrieb sind, wie das Gelände Höltigbaum bei Rahlstedt. Eine wunderschöne offene Savannenlandschaft, sanfte Hügel, seltene Gräser, wilde Apfel- und Birnbäume. Wachtelkönig, Kammolch und Pechlibelle leben am Ufer der Wandse, Tausendgüldenkraut und sogar wilde Orchideen wachsen hier. Diese Artenvielfalt verdankt sich indirekt der langjährigen militärischen Nutzung. Denn hier gab es weder Industrie noch Ackerbau, nie wurde der Boden gedüngt. Die Bundeswehr betrieb sogar eine Art Landschaftspflege, indem sie extra einen Schäfer mit einer Schafherde anstellte, weil man

HAUS DER WILDEN WEIDEN
EICHBERG 63
22143 HAMBURG
TEL. 040 18 04 48 60 10
WWW.HAUS-DER-WILDEN-WEIDEN.DE

GEDENKPLAKETTE FÜR
DIE WEHRMACHTSOPFER
ECKE SIEKER LANDSTRASSE
(IM GEWERBEGEBIET HÖLTIGBAUM)
WEGBESCHREIBUNG AM INFOSTAND IM
HAUS DER WILDEN WEIDEN ERFRAGEN

freie Flächen für Schießübungen brauchte.
Einst diente das Gelände als Exerzierplatz für die Kasernen, die ab 1934 in Rahlstedt und Umgebung gebaut wurden: die Lettow-Vorbeck-, Boehn- und Graf-Goltz-Kaserne, Zeichen der systematischen Kriegsvorbereitung der Nationalsozialisten, die Hamburg früh zu einem der wichtigsten Militärstandorte ausbauten. Ab 1958 nutzte dann die Bundeswehr den Höltigbaum als Übungsgelände für eine Panzerdivision und als Schießplatz. Erst 1988 wurde diese stillschweigende Kontinuität durch eine Friedensinitiative gestört, die an die dunkle Geschichte dieses Ortes zwischen 1940 und 1945 erinnerte: Mehr als dreihundert Soldaten wurden damals wegen »Fahnenflucht« oder »Wehrkraftzersetzung« am Höltigbaum erschossen. Rekrutiert wurden die Hinrichtungskommandos aus den umliegenden Kasernen. Für einen Tag Urlaub, zehn Zigaretten und eine halbe Flasche Schnaps meldeten sich stets genügend Freiwillige.
Der Vorschlag eines späten Denkmals für die Opfer stieß lange auf erbitterten Widerstand von Bundeswehr und Senat, sogar der Militärpfarrer wütete dagegen. Das Argument: Alle waren doch »ordentlich« verurteilt worden von einem der dreizehn Kriegsgerichte, die es allein in Hamburg gab. Desertie-

ren galt auch in der damaligen Bundesrepublik noch als besonders schimpfliche Straftat. Die Kriegsurteile waren bis zu ihrer pauschalen Aufhebung 2002 rechtsgültig. Erst 2003 konnte endlich eine Gedenktafel aufgestellt werden.

Der Ex-Truppenübungsplatz steht seit 1997/98 unter Naturschutz. Nur Fichten und riesige Farne, die einst Munitionsdepots und Gefechtsstände tarnen sollten, erinnern an die frühere Nutzung. Und die breiten Panzerstraßen, die sich heute hervorragend zum Fahrrad- und Skateboardfahren eignen. Abwechslungsreiche Reit- und Wanderwege erschließen die hügelige Landschaft. Ein guter Ausgangspunkt für Ausflüge ist das »Haus der wilden Weiden« mit seinem schrägen Dach aus Moosen und blühenden Gräsern. Eine Ausstellung zeigt die Geschichte des Naturschutzgebietes bis zurück in die Eiszeit, dazu gibt es Führungen, ein tolles Kinderprogramm und gesponserten Kuchen.

Die kleine Gedenkplakette für die im Zweiten Weltkrieg hingerichteten Soldaten steht ein wenig abseits, an einer Kreuzung im Gewerbegebiet Höltigbaum, ist aber mit dem Fahrrad gut zu erreichen. Es ist das einzige Denkmal für die Opfer der Wehrmachtsjustiz in Hamburg.

Ohlsdorf, Fuhlsbüttel und Langenhorn

49

U 1 / S 1 BIS OHLSDORF, DANN MIT BUS 170 BIS ZUM WASSERTURM

Der Garten der Frauen auf dem Ohlsdorfer Friedhof

GARTEN DER FRAUEN
FRIEDHOF OHLSDORF
CORDESALLEE / HÖHE WASSERTURM
22337 HAMBURG

WWW.GARTEN-DER-FRAUEN.DE
MIT INFORMATIONEN ZU FÜHRUNGEN
UND AUSSTELLUNGEN

Gleich hinter dem Wasserturm, der aussieht wie aus dem Rapunzel-Märchen, führt ein verwunschener Pfad im alten Teil des Ohlsdorfer Friedhofs an einen Ort, an dem auf besondere Weise der Hamburger Frauen gedacht wird: den »Garten der Frauen«. Mit Bänken unter schattigen Bäumen, Steinskulpturen und einem Brunnen erinnert er eher an einen Park als an einen Friedhof.

Die Idee stammt von der Hamburger Sozialhistorikerin Dr. Rita Bake, die auf dem Ohlsdorfer Friedhof immer wieder auf verwitterte und verwahrloste Gräber von Frauen stieß, deren Inschriften von Unkraut überwuchert und kaum mehr

zu entziffern waren. Sie gründete einen Verein, bequatschte Politiker und Behörden, die Friedhofsverwaltung fand ein geeignetes Terrain, und mit Geldern aus dem vergessenen Posten »Friedhofsgrün« im Haushaltsplan konnte der Garten 2001 eröffnet werden. Steinmetzmeister Ulrich Beppler schuf verschiedene Monumente wie die Spirale aus grob behauenen Steinen für Frauen, deren Grabmäler nicht erhalten sind. Dazu wählte man Pflanzen, die nicht friedhofstypisch sind, aber schöne Bedeutungen haben: Männertreu, Vergissmeinnicht, Tränendes Herz, Blaue Himmelsleiter und viele schöne Rosen, zum Beispiel »Isabelle«, eine Züchtung der Hamburger Gärtnerin und Autorin Alma de l'Aigle.

Die Rosamunde-Pilcher-Anmutung wird aufgebrochen durch die auf großen Ständern stehenden Ringbücher aus schwerem Aluminium, in denen man die Biographien der hier begrabenen Frauen nachlesen kann. Ein Einspruch gegen das Vergessen, nicht nur weil sie beim Umblättern ganz unfriedhofsmäßig quietschen und scheppern, sondern auch, weil die Texte häufig von Lebensläufen erzählen, die so gar nicht romantischen Mädchenträumen entsprechen – wie etwa die Geschichte von Yvonne Mewes, Lehrerin am Lyzeum in der Curschmannstraße, die sich weigerte, im Unterricht NS-Propaganda zu machen, von Kollegen denunziert wurde und im KZ Ravensbrück starb.

Begraben ist hier auch Domenica Anita Niehoff – die Buchhalterin, die einen Zuhälter heiratete, Hamburgs bekannteste Hure wurde, Maler und Künstler inspirierte, sich später als Streetworkerin für Prostituierte und drogenabhängige Frauen einsetzte und 2009 verstarb. Ihr Grabstein ist eine elegante helle Stele, die nur ihr ausdrucksvolles Gesicht in antikisierendem Halbrelief zeigt – ihrem Wunsch gemäß ohne ihren berühmten Busen. Auf den ersten Blick ist das schlichte Monument nicht von den Grabsteinen der bürgerlichen Frauen zu unterscheiden. Domenica Niehoff gehört zur Geschichte der Hamburger Frauen hier selbstverständlich dazu. Nur ein Detail verweist auf ihren ehemaligen Arbeitsort St. Pauli: eine zarte Girlande mit winzigen roten Herzen.

50

U 1 FUHLSBÜTTEL

Der Lindenlaubengang in Fuhlsbüttel

Einer der romantischsten Orte Hamburgs befindet sich ausgerechnet in Fuhlsbüttel: der Lindenlaubengang im Wacholderpark. Ein Ort zum Lustwandeln, gut geeignet für Verliebte, denn unter den Bögen mit zartgrünen Lindenblättern ist man vor neugierigen Blicken gut geschützt. Den meisten Hamburgern fällt beim Namen Fuhlsbüttel allerdings anderes ein: Hier liegen der Flughafen und vor allem »Santa Fu«, Hamburgs bekanntestes Gefängnis. Beiden verdankt der Stadtteil seine Existenz.

1283 erstmals urkundlich erwähnt, bestand der Ort lange aus nur wenigen verstreuten Bauernhöfen und einer Mühle, um-

WACHOLDERPARK
BERGKOPPELWEG / WACHOLDERWEG
22335 HAMBURG

geben von weiten Wiesen und ausgedehnten Torfflächen. Nicht weit von Hamburg entfernt und doch sehr einsam – ein gutes Gelände, um ein neues Gefängnis für Schwerverbrecher zu bauen, dachten sich die Hamburger und errichteten ab 1879 auf einem ca. 80 000 Quadratmeter großen Terrain das »Hamburgische Central-Gefängnis«. Die »Correktionsanstalt« bestand unter anderem aus einem Männergefängnis für zunächst 240 Gefangene, einer Haftanstalt für männliche Jugendliche, einem Lazarett und einem »Weibergefängnis« mit Aufseherinnen-Wohnhaus. Gebaut wurde das Ganze nach neuesten Prinzipien eines Zentralgefängnisses, dessen kreuz- und sternförmig angeordnete Trakte von einem Zentralturm aus überwacht werden konnten.

Erst als ab 1911 auf einer sumpfigen Fuhlsbüttler Wiese der Hamburger Flughafen gebaut wurde, verbesserte sich der Ruf der Gegend allmählich. Die Kapazität des Flughafens wuchs schnell: Waren es 1920 nur 241 Fluggäste, so zählte man 1925 bereits 21 499 Passagiere. Viele neue Arbeitsplätze entstanden, 1914 wurde eine eigene U-Bahn-Station angelegt. Da war Fuhlsbüttel bereits als eigener Stadtteil nach Hamburg eingemeindet worden – gegen den Wunsch vieler Anwohner, die lieber zu Ohlsdorf gehören wollten, weil man bei diesem Namen nicht sofort an das Gefängnis dachte.

Um den Stadtteil aufzuwerten und ihm ein anderes Image zu verpassen, wurde 1910 der Wacholderpark eröffnet, einer der ersten öffentlichen Parks in Hamburg. Entworfen hat ihn Leberecht Migge, einer der wichtigsten Gartenreformer Deutschlands. Mit seinem ersten großen Auftrag wollte er nicht nur einen schön anzusehenden Naturraum schaffen, der Park sollte vielmehr nach dem Vorbild moderner amerikanischer Anlagen der »erste deutsche Spielpark« werden. In der Mitte eine große lichte Wiese, auf der man sich sonnen konnte – und, so Migge, »Sport, Spiel und herzlichen Unfug« treiben. Bewusst ließ man Trampelpfade zu, wie sie noch heute als Abkürzung zur U-Bahn quer über den Rasen führen.

Bei aller modernen Zweckmäßigkeit legte Migge auch Wert auf Romantik und entwarf nach dem Vorbild alter Palastgärten zwei Lindenlaubengänge. Wie früher nur die Adligen sollte nun auch das Volk vor der Sonne und vor neugierigen Blicken geschützt lustwandeln können – ob zufällig oder absichtlich genau das Gegenteil zur Überwachung im Fuhlsbütteler Gefängnis.

51

BUS 278 ESSENER STRASSE

Die Schwarzwaldsiedlung in Langenhorn

SCHWARZWALDHÄUSER
ESSENER STRASSE 9-75
22081/89 HAMBURG

Gemütliche Häuser mit Fachwerkgiebeln und rustikalen Fensterläden: In der Essener Straße fühlt man sich wie im Schwarzwald und nicht wie im Hamburger Stadtteil Langenhorn. Die Anmutung war beabsichtigt. Hier sollte ein Werk der Schramberger Uhrenfirma Junghans entstehen, für das man hoch spezialisierte Feinmechaniker aus dem Schwarzwald abwerben wollte. Architekt Paul Alfred Richter, der die Häuser in der Zeit von 1935 bis 1941 baute, hatte den Auftrag, »ihnen ein Stück Heimat mitzugeben«: eine ländliche Siedlung mit viel Grün inmitten der Großstadt. So weit die offizielle Begründung.
Hinter der idyllischen Fassade

aber passierte etwas ganz anderes: Seit Mitte der 1930er Jahre begannen die Nationalsozialisten im Geheimen, in Langenhorn Rüstungsindustrie anzusiedeln. Junghans sollte hier nämlich keine Uhren, sondern Zeitzünder produzieren, daneben siedelte man die Hanseatischen Kettenwerke an, die Geschosshülsen fabrizierten. Solche Rüstungsbetriebe waren – laut Versailler Vertrag – in Deutschland verboten. Also nutzten die Nazis verschiedene Tarnungen: harmlose Namen, unverfängliche Architektur, dazu Werkswohnungen für Arbeiter, die dem Ganzen den Anstrich eines Wohnviertels gaben. Die Hanseatischen Kettenwerke bekamen ländliche Strohdachhäuser, die Luftschutzkeller waren als Ställe getarnt. Und dazu eben die Schwarzwaldhäuser. Kurz vor Kriegsende behauptete man sogar, hier Kuckucksuhren herzustellen. Die Tarnung funktionierte. Obwohl in den Betrieben zeitweise bis zu 8000 Menschen, darunter viele Zwangsarbeiter und KZ-Häftlinge, Kriegsmaterial produzierten, schöpften die Alliierten keinen Verdacht. Die gesamte Siedlung wurde nie bombardiert, wie überhaupt ganz Langenhorn von Bombenangriffen weitgehend verschont blieb.

Heute stehen die Schwarzwaldhäuser unter Denkmalschutz. Alles ist sehr gepflegt. Kaum etwas erinnert an die dunkle Vergangenheit. Der Rasen ist tipptopp gestutzt, es gibt kein Unkraut, keine Unordnung, kein Geräusch. Ein ruhiger Ort. Für manche vielleicht zu ruhig.

Möglicherweise ist es nämlich kein Zufall, dass ausgerechnet das nette Langenhorn, nicht gerade ein Szene-Stadtteil, Anfang der 1980er Jahre zu einer Hochburg des Punk wurde. Hier gründeten sich gleich zwei Punk-Gruppen, Slime und Razzia, die den Stadtteil nicht nur mit politischen Texten aufmischten, sondern die Ruhe immer wieder empfindlich störten, zum Beispiel wenn bei einem Konzert mal eben die Schulaula zertrümmert wurde.

St. Georg und Eilbek

52

S-/U-BAHNEN HAUPTBAHNHOF, METROBUS 6 GURLITTSTRASSE/LANGE REIHE

Das Literaturhotel Wedina in St. Georg

HOTEL WEDINA
GURLITTSTRASSE 23
20099 HAMBURG
TEL. 040 280 89 00
WWW.HOTELWEDINA.DE
EZ 70 - 195 EURO
DZ 125 - 245 EURO

LITERATURHAUS HAMBURG
SCHWANENWIK 32
22087 HAMBURG
TEL. 040 22 70 20 11
WWW.LITERATURHAUS-HAMBURG.DE

TIPP

ST. GEORGS SCHÖNSTES CAFÉ
MIT GROSSER AUSWAHL
AN SELBSTGEBACKENEM KUCHEN
LIEGT GLEICH UM DIE ECKE:
CAFÉ GNOSA
LANGE REIHE 93
20099 HAMBURG
TEL. 040 24 30 34
WWW.GNOSA.DE

Als der Schweizer Hotelier Felix Schlatter 1991 in St. Georg ein Literaturhotel eröffnete, ging er ein großes Risiko ein. Das Viertel rund um den Hauptbahnhof hatte nicht den besten Ruf. Viele Mietshäuser waren heruntergekommen, überall gab es Absteigen, Clubs und Billigpensionen für ein »unruhiges, vergnügungssüchtiges Reisevolk«, wie es in einem frühen Reiseführer hieß. Straßenprostitution und Drogenkriminalität machten die Straßen unsicher. Auch das Haus in der Gurlittstraße hatte eine solche Vergangenheit: Einst war es Bordell. Schlatter und seine Crew ließen sich davon nicht abschrecken, renovierten alles von Grund auf, im Laufe der Zeit kamen weitere drei Häuser dazu, die durch avantgardistische Anbauten ergänzt wurden. Heute ist das Ganze eine gelungene Mischung aus Gründerzeit und Moderne: Großzügige Studios über mehrere Etagen, verwinkelte Doppelzimmer und Räume klein wie Schiffskojen, dafür aber mit Balkon oder Terrasse.

Zu etwas Besonderem aber wird das Hotel durch die Literatur. Gleich an der Rezeption sieht man meterhohe Regale mit Büchern. Solche Hotelbibliotheken gibt es auch anderswo – meist mit zerlesener Trash-Urlaubslektüre. Hier aber stehen nur Bücher von Autoren, die in diesem Hotel übernachtet haben, mal für eine Nacht, mal für mehrwöchige Arbeitsaufenthalte. Die Bücher stellen eine Art literarische Währung dar, denn Schriftsteller zahlen hier in Naturalien: Sie überlassen dem Hotel ihr neuestes Werk, mit handschriftlicher Widmung, versteht sich. Bücher von Nobelpreisträgern stehen neben Erstveröffentlichungen junger Autoren – ein Panorama zeitgenössischer Literatur und ein Querschnitt durch das Programm des Hamburger Literaturhauses, das hier die Autoren unterbringt, die zu Lesungen nach Hamburg eingeladen sind.

Von diesem netten Brauch profitieren auch die anderen Gäste. Jeder kann sich ohne Formalitäten die Bücher herausnehmen und vor Ort lesen, zum Beispiel im verwunschenen kleinen toskanischen Stadtgarten des Hotels. Auch die Zimmer erhalten ihre besondere Note durch Literatur: Manche sind einem bestimmten Schriftsteller gewidmet und enthalten alle seine Werke. Der neueste Einfall: sieben Zimmer zum Thema Hamburg. Hier findet man Krimis und Romane, die unbekannte Zonen der Hansestadt poetisch ausloten. Eine tolle Idee, vor allem, wenn es – was ja in Hamburg häufig vorkommt – mal wieder regnet.

53

S1/S11 HALTESTELLE HASSELBROOK

Das Fundus Theater in Eilbek:

Wenn Kinder die Regie übernehmen

Ein Lieblingsort für Kinder? »Das Fundus Theater«, sagt meine Nachbarin Gesine, neun Jahre alt. Also auf nach Eilbek. Dort wurde die Spielstätte 1997 in einer ehemaligen Kaffee- und Tabakrösterei eröffnet. Sie liegt versteckt in einem Hinterhof, die Einrichtung ist schlicht. Vor der Vorstellung toben die jungen Darsteller und Zuschauer draußen herum, Eltern nippen am Sekt und plauschen. Auch wer nicht dazugehört, fühlt sich in dieser freundlichen Atmosphäre sofort wohl.

Auf dem Spielplan stehen Puppenspiele, Kasperltheater und Stücke für Kinder zwischen zwei und zwölf Jahren; das Repertoire reicht von den »Drei klei-

FUNDUS THEATER
HASSELBROOKSTRASSE 25
22089 HAMBURG

TEL. 040 250 72 70
WWW.FUNDUS-THEATER.DE
UNBEDINGT RESERVIEREN!

nen Schweinchen« bis zu Adaptionen von Weltliteratur. Vieles erfinden sie auch selbst in ihrer Stückewerkstatt. Das jüngste Projekt ist bundesweit einmalig: ein Forschungstheater, bei dem Kinder, Künstler und Wissenschaftler gemeinsam den Alltag erforschen und das dann auf die Bühne bringen.

Es geht um Freundschaft und die Messbarkeit des Glücks, aber auch um Spukgeschichten und Wunder. Bei der »Kinderbank« gründen die Kinder eine eigene Bank mit allem, was dazugehört. Selbst trockene Naturwissenschaften werden zum Spektakel. Das erfolgreichste Stück handelt von »Liquids/Flüssigkeiten«. In der Mitte ein großes Wasserbassin, Licht aus, Spot an, und die Bühne verwandelt sich in ein magisches Labor.

Am meisten Spaß macht es, wenn die Kinder selbst die Regie übernehmen: wie zum Beispiel in einem Forschungsstück, das Schüler der Stadtteilschule Odenfelde und Senioren gemeinsam erarbeitet haben. Der »Zeit-Tausch-Pakt« handelt davon, wer die Verantwortung für die Zeit und vor allem für die Zukunft trägt. Sollen Kinder heute schon mitbestimmen? Wahlrecht ab zwölf? Zu Beginn der Vorstellung stimmen fast alle Zuschauer dagegen. Aber wenn die Schüler dann im Stück die Regeln bestimmen, ernten sie die meisten Lacher. Sei wie ein Baby, quake wie ein Frosch, singe ein Kinderlied, immer selbstbewusster formulieren sie die Aufforderungen an Forschungstheaterleiterin Dr. Sibylle Peters und Regisseur Rouven Costanza. Die machen das super mit – zur großen Freude der Kinder auf der Bühne und im Publikum. Kein direktes Plädoyer für Wahlrecht ab zwölf, aber: Wer die Zukunft gestalten will, muss erst einmal lernen, in der Gegenwart mitzubestimmen. Dazu braucht es einen Ort wie dieses tolle Theater. Konfetti, Jubel und Applaus hinterher.

Rothenburgsort

54

S2/S21 ROTHENBURGSORT, BUS 130 BULLENHUSER DAMM

Der Rosengarten am Bullenhuser Damm

Hamburgs schönste und zugleich traurigste Gedenkstätte ist der Rosengarten, der mitten im Gewerbegebiet Rothenburgsort an den Kindermord am Bullenhuser Damm erinnert: dass hier einmal eine der schlimmsten Gräueltaten der Nationalsozialisten verübt wurde, war lange vergessen. Erst der Journalist Günther Schwarberg brachte den Stein 1979 ins Rollen, als er im *Stern* eine Serie mit dem Titel »Der SS-Arzt und die Kinder vom Bullenhuser Damm« veröffentlichte.

Der Arzt hieß Dr. Kurt Heißmeyer und führte im KZ Neuengamme Menschenexperimente für seine Forschungen über Tuberkulose durch. Für die streng

ROSENGARTEN UND GEDENKSTÄTTE
BULLENHUSER DAMM
BULLENHUSER DAMM 92
20539 HAMBURG

geheim gehaltenen Versuche wurde er von höchster Stelle unterstützt und bekam als Versuchspersonen, wen er wollte: lungenkranke Häftlinge, kriegsgefangene Sowjetsoldaten und schließlich, von Josef Mengele in Auschwitz »aussortiert«, je zehn Mädchen und Jungen aus Polen, Holland, Paris und Neapel.

Nach Ankunft der Kinder in Neuengamme am 27. November 1944 wurden die drei polnischen Pflegerinnen, die den Transport begleitet hatten, sofort erhängt. Die Kinder aber wurden gepäppelt und von zwei im KZ inhaftierten französischen Ärzten versorgt. Dann begann Heißmeyer mit den Experimenten, schnitt den Kindern die Haut auf, entfernte die Lymphdrüsen und rieb in die Wunden Tuberkelbazillen ein – bei manchen Kindern sogar in die Lungenlappen, was besonders schmerzhaft war. Nach einigen Tagen bekamen die Kinder Fieber, noch vor Weihnachten waren alle schwer krank. Die hungernden Gefangenen spendeten ihre Rationen, selbst der Küchenchef, ein SS-Oberscharführer, hatte Mitleid und ließ an Heiligabend Karamellbonbons und Kuchen für sie machen.

Doch als im Frühjahr 1945 die Engländer näher rückten, fand das Mitleid ein Ende: Am 20. April 1945 kam der Befehl: »Die Abteilung Heißmeyer ist aufzulösen.« Abends brachte ein Postwagen die Kinder mit Pfle-

gern und den beiden gefangenen Ärzten in den Keller einer Schule im bombenzerstörten Rothenburgsort. Den Kindern wurde Morphium gespritzt, dann hängte ein SS-Mann sie an Haken »wie Bilder an der Wand« auf, alles unter der Leitung von SS-Offizier Strippel.
Strippel wurde 1949 wegen Massenmordes zu lebenslanger Haft verurteilt, aber 1969 begnadigt, sogar mit einer Haftentschädigung von 121 500 Mark. Dr. Kurt Heißmeyer entkam, eröffnete in Magdeburg eine Praxis für Lungenheilkunde und wurde erst 1966 von einem DDR-Gericht zu lebenslanger Haft verurteilt. Der Kindermord selbst geriet – gezielt – in Vergessenheit. In Willi Bredels *Unter Türmen und Masten* ist nachzulesen, dass es an der nach dem Krieg wiedereröffneten Schule schon früh Gerüchte über ein ehemaliges »Kinder-KZ« gab – aber auch, wie dieses Wissen sofort totgeschwiegen wurde.
1980 wurde am Tatort im Keller der Schule eine Ausstellung mit Dokumenten und einem Wandgemälde eingerichtet, die allerdings zurzeit nur sonntags geöffnet ist. Immer offen ist der Rosengarten, den die Schüler und Schülerinnen 1985 angelegt haben. Hier blühen unregelmäßig gepflanzte Rosen weiß, hellgelb, rosa und flammend rot. Eine Erinnerungsstätte, die nicht fertig ist. Denn hier kann jeder eine Rose pflanzen. Die muss man aber ebenso mitbringen wie eine Schaufel – denn im tristen Gewerbegebiet rundum gibt es weder Blumengeschäfte noch eine Gärtnerei.

55

ANFAHRT AM BESTEN MIT FAHRRAD ODER AUTO

Wasserkunst Kaltehofe

Ein Glas Hamburger Leitungswasser bietet das neue Museumscafé Kaltehofe ganz oben auf seiner Getränkekarte an, Kosten: 0,00 Euro. Hamburger Wasser gilt heute als exzellent und ebenso gesund wie teures Mineralwasser. Wer im 19. Jahrhundert in Hamburg einfaches Leitungswasser trank, musste dagegen zumindest damit rechnen, dass allerlei Getier – Krebse, Schnecken, Ringelwürmer, sogar Aale – aus dem Wasserhahn kroch. Und unter Umständen bezahlte man sogar mit dem Leben – wie die über 8000 Menschen, die 1892 der Cholera zum Opfer fielen. Sie hätten überleben können, wäre damals schon die Wasserkunst Kalthofe

WASSERKUNST ELBINSEL KALTEHOFE
KALTEHOFE HAUPTDEICH 7
20359 HAMBURG

WWW.WASSERKUNST-HAMBURG.DE
MÄRZ - OKTOBER DI - SO 10 - 18 UHR
NOVEMBER - FEBRUAR DI - SO 10 - 17 UHR

in Betrieb gewesen. Zwar hatte man 1890 mit dem Bau begonnen, die Arbeiten gingen jedoch nur schleppend voran, weil immer wieder Geld fehlte.

Jahrhundertelang hatten die Bürger ihr Wasser ungefiltert aus Fluss und Fleeten geschöpft, sogar im Hafen. Auf ihr Elbwasser ließen die Hamburger nichts kommen ... Zwar gab es früher als in anderen Städten eine zentrale Wasserversorgung, aber das Wasser kam weiterhin aus der Elbe. Man speicherte es in großen Becken. Alle schweren Schadstoffe würden sich absenken, versprach der damalige Wasserkunst-Direktor Samuelson. Das hielt der Engländer William Lindley für unzureichend. Seine wiederholt in die Bürgerschaft eingebrachten Vorschläge für moderne Filteranlagen wurden immer wieder abgeschmettert. Zu teuer, hieß es stets – denn alle finanziellen Ressourcen wurden benötigt für den Bau der Speicherstadt und für das repräsentative neue Rathaus. Dann schlug im heißen Sommer 1892 die Cholera zu. Deutschlands führender Epidemie-Experte Robert Koch war erschüttert über Hamburgs Rückständigkeit: »Meine Herren, ich vergesse, dass ich in Europa bin!«

Ob aus Trauer über die Toten oder aus Angst vor negativer Publicity, plötzlich ging der Bau rasend schnell vonstatten. Am 1. Mai 1893, kaum ein Jahr nach der Katastrophe, war die Wasserkunst Kaltehofe auf einer künstlichen Elbinsel fertiggestellt. Sie bestand aus 22 Filtrationsbecken, jedes so groß wie ein Fußballfeld, auf die das Wasser aus der Elbe verteilt und durch verschiedene Sandschichten gefiltert wurde. Ein effektives Verfahren – von 1000 Keimen pro Kubikzentimeter konnten bis zu 999 abgetötet werden.

1990 wurde die Anlage geschlossen und verfiel. Seit 2011 ist sie für die Öffentlichkeit zugänglich – ein verwunschenes Gelände mit Wasser und Biotopen. Besonders romantisch sind die pittoresken Türme der Schieberhäuschen aus Backstein, in denen Zu- und Abfluss des Wassers geregelt wurde. Sie wirken wie kleine Kapellen und erinnern an die Prunkarchitektur der Speicherstadt. Das ist kein Zufall, denn geplant wurden sie von Franz Andreas Meyer, der auch die Speicherstadt gebaut hatte. Die gesamte Anlage steht unter Naturschutz, inzwischen sind hier Nachtigall, Fledermaus und Graureiher heimisch. Auf die Tiervielfalt ist man sehr stolz – solange sie nicht aus dem Wasserhahn kommt.

Sprung über die Elbe

VEDDEL, WILHELMSBURG UND HARBURG

56

S 3 VEDDEL, DANN BUS 154 HOVESTIEG

Die Veddeler Fischgaststätte

Böhmen liegt am Meer

VEDDELER FISCHGASTSTÄTTE
TUNNELSTRASSE 70
20539 HAMBURG

TEL. 040 78 63 89
MO - FR 11 - 17.45 UHR
WWW.VEDDELER-FISCHGASTSTAETTE.DE

TIPP

ENTWEDER FRÜH ODER AB 15.30 UHR KOMMEN. DIE PORTIONEN SIND RIESIG, FÜR NORMALEN HUNGER REICHT DIE »BABYPORTION« (5,10 EURO)

Leere Hafenbecken, verlassene Speicher, ein riesiger Parkplatz mit einer schäbigen Gaststätte – im Norden verströmt die Veddel den melancholischen Charme eines »lost place«. Nur zwei S-Bahn-Stationen vom Hauptbahnhof entfernt, ist die Elbinsel für viele Hamburger immer noch Terra incognita. Ein Ausflug an einen Ort, wo der Fisch wie früher schmeckt und Böhmen am Meer liegt.

Das stimmt tatsächlich, denn seit 1929 gehört der Moldauhafen im Stadtteil Veddel den Tschechen. Deutschland musste ihnen das 30 000 Quadratmeter große Areal als Wiedergutmachung für den Ersten Weltkrieg abtreten. Der neue Heimatha-

fen war bei böhmischen Binnenschiffern bald sehr beliebt, sie nutzten die Liegezeiten für ausgedehnte Landgänge. Denn nur wenige Schritte vom Moldauhafen entfernt lag damals ein richtiges Vergnügungsviertel mit mehr als vierzig Tanzclubs, Gaststuben und kleinen Fischlokalen. Das Publikum war international: polnische Hafenarbeiter, Hamburger Schiffszimmerer und Seeleute aus aller Herren Länder, dazu gestrandete Auswanderer aus Osteuropa.

Nach 1945 setzte die neue sowjetorientierte tschechische Regierung alles daran, solche Kontakte und Vergnügungen mit dem Klassenfeind zu unterbinden: Am besten, die Binnenschiffer verließen erst gar nicht den Moldauhafen und damit tschechoslowakisches Hoheitsgebiet. Das ließ sich die staatliche Elbe-Schifffahrtsgesellschaft einiges kosten. Sie baute einen Schleppkahn zu einem komfortablen Wohnschiff um – mit Spielcasino und Kinosaal. Dazu beste böhmische Küche zu Billigpreisen. Aber dieser von oben verordnete Heimatersatz behagte den Schiffern nicht. Ganz im Gegenteil – sie wollten ausgehen, Hamburg erleben und sich vergnügen. Deshalb streikten sie 1955 für mehr Lohn, ausgezahlt in D-Mark, der Währung des Klassenfeindes.

Bis 2028 gehört der Moldauhafen noch Tschechien, ist aber nach dem Konkurs der Reederei seit 2002 geschlossen. Das Wohnschiff ist inzwischen verkauft und liegt zum Hotel umgebaut in Prag. Auch die Nachbarschaft der böhmischen Enklave hat sich verändert. Viele Häuser wurden bei den Bombenangriffen 1943 zerstört. Fast alle anderen Hafenanlagen sind seit dem Aufkommen des Container-Schiffsverkehrs verlassen. Wo einst Veddels Klein St. Pauli lag, ist heute Niemandsland.

Nur ein Lokal aus den Goldenen Hafenzeiten des Stadtteils hat seit 1932 überlebt: die Veddeler Fischgaststätte, Hamburgs ältestes Fischlokal. Von außen eine Bretterbude, innen Resopal-Tische und an den Wänden Plastikhummer und Bierreklame. Nur wenige Gerichte stehen auf der Karte, Brathering, Fischfrikadellen und das Standardessen: Backfisch mit selbstgemachtem Kartoffelsalat nach Originalrezept. Klingt nicht nach böhmischer Raffinesse oder internationaler Feinschmeckerküche. Schmeckt auch nicht so. Aber wenn man hier sitzt und in eines der frisch frittierten Seelachsstücke beißt, hat man eine Ahnung davon, wie Hamburger Hafenarbeiter und böhmische Binnenschiffer vor achtzig Jahren gegessen haben mögen. Den Bratfisch schätzen die Veddeler auch heute noch, selbst in der Woche stehen sie in dieser unwirtlichen Gegend manchmal Schlange.

57

BUS 256 AB S-BAHN VEDDEL, AUSTRALIASTRASSE/HAFENMUSEUM

Hafenmuseum

Untergebracht ist das Hafenmuseum im einzigen noch erhaltenen Kaispeicher aus der Zeit vor dem Ersten Weltkrieg und wirkt selbst wie ein großes Lager. Doch im Unterschied zu früher stapeln sich hier keine Waren, sondern alte Dinge, die früher in der Hafenarbeit eine Rolle spielten: Werkzeuge, Taue, Fässer, Säcke, vor allem aber alle möglichen Transportmittel, eine ganze Etage ist mit alten Sackkarren gefüllt, davor steht ein RXX-Design-Gabelstapler, jüngstes Modell.

Didaktisch ist das Hafenmuseum nicht gerade auf dem neuesten Stand, es gibt weder Multimedia-Installationen noch einen Übersichtsplan. Doch es lohnt, sich

HAFENMUSEUM
KAISPEICHER 50A
AUSTRALIASTRASSE 50A
20457 HAMBURG

WWW.HAFENMUSEUM-HAMBURG.DE
APRIL - OKTOBER DI - SO 10 - 18 UHR

selber durchzufinden – ebenso wie ein genauer Blick in die vielen Vitrinen mit Arbeitsgeräten, Mützen, Dokumenten, Zeugnissen, Arbeits- und Stauplänen. Denn so enthüllt sich nach und nach, welch ein kompliziertes, arbeitsteiliges Unternehmen der Hamburger Hafen darstellte und wie viele genau aufeinander abgestimmte Arbeiten zu seinem Funktionieren nötig waren.

Dabei lernen wir Hafenberufe wie Ewerführer, Donkeyman, Kornumstecher oder Pünner kennen und erfahren, dass eine »Kaitorte« ein Lehrling war, der zwischen Schuppen, Kai, Waggons oder LKW hin und her wieseln musste. Eine Arbeit, die große Umsicht erforderte – wie auch das Stauen, für das es Lademeister, Stauervize, Tally Vormann, Quartiers- und Schauerleute gab. Heute kennen wir kaum noch die Bezeichnungen, viele der Berufe sind verschwunden.

Getragen wird das Museum von ehemaligen Seeleuten und Hafenarbeitern. Die treffen sich hier, reparieren, basteln, renovieren – auch draußen, am Elbbagger, dem Frachtschiff »MS Bleichen« oder an der historischen Hafenbahn. Man sollte sich ein Herz fassen und die ehrenamtlichen Hafenexperten ansprechen. Manche antworten den Landratten zwar mit einem etwas speziellen Humor, aber wenn sie zu erzählen beginnen, bekommt man eine Ahnung davon, was für ein lebendiger Kosmos der Hafen einmal war.

58

METROBUS 13 VOGELHÜTTENDEICH,
FAHRRAD MIT HVV-FÄHRE 73 BIS ERNST-AUGUST-SCHLEUSE

Der Zollzaun in Wilhelmsburg

Ein paar Meter Metallzaun mit Stacheldraht haben die Wilhelmsburger vom ehemaligen Zollzaun auf dem Klütjenfelder Hauptdeich erst einmal stehen lassen – nicht, weil sie ihn so schön fanden, sondern aus Freude darüber, dass es den »eisernen Vorhang von Wilhelmsburg« endlich nicht mehr gibt. 110 Jahre trennte er die Inselbewohner vom Hafen. Wilhelmsburg ist umgeben von Wasser, der Spreehafen nur einen Katzensprung entfernt, aber wegen des meterhohen Zauns konnten die Wilhelmsburger ihn nur auf Umwegen über die City erreichen. Der Zollzaun stellte auch mental die größte Barriere dar. Obwohl zwischen dem Deich und

ZUM ANLEGER
VOGELHÜTTENDEICH 123
21107 HAMBURG
TEL. 040 86 68 77 81

Hamburgs Zentrum nur zwei Kilometer Luftlinie liegen, wirkt Wilhelmsburg weiter weg als der fernste Vorort.
Errichtet wurde der erste Zaun 1903, nachdem der Spreehafen als Teil des neuen Zoll-Freihafens angelegt worden war, den man rundum wie eine Festung sicherte. Er schien unüberwindbar, nur einmal ging er in Wilhelmsburg kaputt: In der Nacht zum 17. Februar 1962 brach der Deich hier an zwei Stellen und riss den Zaun mit in die Tiefe. Sofort wälzte sich eine vier Meter hohe Flutwelle über die Harburger Chaussee bis in die Kleingartenkolonien und Behelfsheime – in der Nacht starben hier mehr als 200 Menschen im eisigen Wasser. »Kein Mensch in Wilhelmsburg hatte mehr daran gedacht, dass er auf einer Insel lebt«, sagte später Helmut Schmidt, der damals Hamburger Innensenator war.
Tatsächlich kannten viele Menschen, die hier Unterschlupf gefunden hatten, keine Sturmfluten. Direkt hinter dem Deich waren nach dem Zweiten Weltkrieg Behelfshütten für Flüchtlinge gebaut worden, provisorische Bretterbuden, die viel zu nahe am Deich standen. Dazu kam, dass der Deich von Anfang an nicht sehr standfest war. Schon beim Bau des Spreehafens hatte die Hansestadt den Deich nicht – wie es im Vertrag stand – aus »guter Kleierde«,

sondern aus einfachem Sand gebaut, der im Hafen ausgebuddelt worden war. Und niemand hatte in der stürmischen Nacht die Springflut vorausgesehen und rechtzeitig gewarnt.
Nach der Sturmflut erhöhte man den Deich und errichtete einen neuen Zollzaun. Die Schrebergartenkolonie aber wurde nicht wieder aufgebaut, lange Zeit wollte man Wilhelmsburg als Wohngebiet sogar aufgeben. Die dagebliebenen Wilhelmsburger forderten immer wieder die Öffnung des Zollzauns. Unterstützt wurden sie von allen Parteien. Als im Januar 2007 mehr als hundert Meter Zaun von einem Sturm umgeblasen wurden, lautete die Parole: Kein Wiederaufbau! Doch darauf ließ sich die Stadt nicht ein. Erst nach regulärer Aufhebung des Freihafens am 1.1.2013 wurde er abgetragen.

Eine richtige Promenade ist der Deich auch ohne Zollzaun noch nicht, aber immerhin führt jetzt ein Fahrradweg vom Alten Elbtunnel und vom neuen Fähranleger Ernst-August-Schleuse bis hierher. Das gibt endlich auch den Hamburgern aus anderen Stadtteilen die Möglichkeit, Wilhelmsburg zu entdecken. Einer der schönsten Hamburger Biergärten liegt direkt hinter dem Deich am Ernst-August-Kanal – eine eigene Idylle mit 70er-Jahre-Charme. Man kann Kanus oder Tretboote in Schwanenform leihen oder aber von altmodischen Plastikstühlen aus direkt aufs Wasser schauen. Die Cevapcici des Chefs werden zu Recht hochgelobt: ein Gartenlokal, in dem die Zeit stehen geblieben zu sein scheint.

59

AB S-BAHNHOF VEDDEL MIT BUS 154, HALTESTELLE FISKALISCHE STRASSE

Der Horizontweg in Georgswerder

ENERGIEBERG GEORGSWERDER
FISKALISCHE STRASSE 2
21109 HAMBURG
TEL. 040 30 23 68 47

Wie ein antiker Tempelaufgang steigt die Treppe in einem langen sanften Bogen an. Sie endet in einem elegant geschwungenen Steg aus Stahl, der sich auf schmalen Stelzen fast einen Kilometer lang über dem »Energieberg« erhebt. Der 2013 eröffnete »Horizontweg« trägt seinen Namen zu Recht: Fern am Horizont flirren Hamburger Hafen und Hamburger Skyline, im Süden schimmern die Harburger Berge dunkelgrün. In der Nähe sind Dove-Elbe und idyllische Kleingärten zu erkennen. Mit diesem avantgardistischen begehbaren Kunstwerk gewannen die Landschaftsarchitekten Häfner und Jimenez einen Wettbewerb der Internationalen Bauausstellung.

Ihre Aufgabe war schwierig, denn sie sollten ein Gelände neu gestalten, das bis zu diesem Zeitpunkt niemand freiwillig aufgesucht hätte: den Giftmüllberg von Georgswerder, nicht nur Hamburgern bekannt als Ort des schwersten Umweltskandals der Elbmetropole. Schon früh war Georgswerder der Schuttabladeplatz der Hansestadt. Nach dem Krieg landete hier Trümmerschutt, später Haus- und Sperrmüll; zwischen 1967 und 1974 luden Firmen wie Boehringer, Hoechst, Baiersdorf, Esso oder Blohm & Voss hier ihren »Sondermüll« ab. 1979 wurde die Deponie stillgelegt, ein Berg aus unvorstellbaren dreizehn Millionen Kubikmeter Abfall jeglicher Art. Mit der Zeit wuchs Gras über dem riesigen Müllhaufen. Man plante gerade einen Freizeitpark mit Skihügel, da platzte im Dezember 1983 die Bombe: Aus dem Berg war das hochtoxische Dioxin, das sogenannte Seveso-Gift, ins Grundwasser gesickert. Jahrzehntelang hatten die Behörden weggesehen, wenn Fässer mit Schwermetall, Altöl, Lacken, Farben und anderen Chemikalien wild durcheinander abgeladen worden waren. Nie gab es Nachfragen, nie wurde registriert, wer überhaupt den Müll hierherbrachte, noch nicht einmal ein Zaun hatte damals die Deponie geschützt.

Die bisherige Sanierung kostete über 100 Millionen Euro – daran hat sich übrigens keine der möglichen Verursacher-Firmen beteiligt. Heute sei alles unter Kontrolle, heißt es. Einige der gefährlichen Stoffe werden nach und nach aufgefangen, gereinigt und wiederaufbereitet. Das Dioxin selbst ist in einer bis zu drei Meter dicken Abdeckung aus Kunststoffen, Ton und Kalk eingekapselt. Mit 450 Messgeräten wird das gesamte Gelände genau überwacht. Bisher hält alles dicht. Vollständig abgebaut wird das Gift aber erst in über hundert Jahren sein.

Es kann einem da schon mulmig werden auf dem Horizontweg, selbst wenn die Sonne scheint und die Grillen zirpen. Das aber gehört zum Konzept. Denn überall informieren Hinweistafeln entlang der Wegstrecke gerade über das, was eben nicht sichtbar ist und auch gern an die Peripherie der Städte verbannt wird. Mit seinen dreizehn Stationen wirkt der Parcours wie eine Art moderner Kreuzweg des Industriezeitalters. Jedenfalls entlässt einen der Horizontweg nicht in einen simplen Naturgenuss, sondern erinnert uns auch an die tödlichen Gefahren der technischen Zivilisation.

60

METROBUS 13, AB S-BAHNHOF VEDDEL, HALTESTELLE STÜBENPLATZ

Die Wilde 13

Mit dem Bus durch Wilhelmsburg

Für eine Magisterarbeit sitzt man normalerweise in der Bibliothek, Kerstin Schaefer aber setzte sich in den Metrobus 13, die Hauptlinie durch Wilhelmsburg, von den Bewohnern liebevoll »Wilde 13« getauft. Die soziale Zusammensetzung ist deutlich anders als in Eimsbüttel oder Eppendorf: überwiegend Migranten, viele junge Türken und Afrikaner, junge Mütter mit Kopftuch und Kinderwagen, dazu einzelne Studenten. Dieser »Mikrokosmos« im Bus interessierte die junge Frau. Viele Fahrten lang saß sie im Bus, beobachtete, was um sie herum passierte, und redete mit Busfahrern und Passagieren. Aus ihrer Magisterarbeit entstand ein Buch, das uns

BUCHTIPP

KERSTIN SCHAEFER, *DIE WILDE 13. DURCH RAUM UND ZEIT IN WILHELMSBURG*, HAMBURG 2013

BESTELLUNGEN@DIE-WILDE-13.DE. DORT GIBT ES AUCH EINEN »FILM ZUM BUS«.

ein anderes Wilhelmsburg als den Problembezirk mit Kampfsporthunden nahebringt – Forschungsliteratur und ungewöhnlicher Stadtteil-Reiseführer zugleich.
Auch für Touristen eignet sich der Metrobus 13 bestens zu einer ersten Erkundung des Stadtteils. Von der S-Bahn Veddel bis zur Endstation Kirchdorf-Süd fährt man kreuz und quer durch das Wilhelmsburg der letzten 120 Jahre: an Backsteinbauten der Zwanziger und an trostlosen Industriebrachen vorbei, durch die spröden Hochhaussiedlungen des sozialen Wohnungsbaus ebenso wie durch die Gründerzeitstraßen im Reiherstieg-Viertel. Dazwischen idyllische Kanäle, Fachwerkhäuser und die Experimentalbauten der Internationalen Bauausstellung.
Vorschlag: Am Stübenplatz, dem alten Zentrum des Stadtteils, sollte man einen Halt machen, am besten an den Markttagen Mittwoch und Samstag. Man sieht viele türkische Obst- und Gemüsestände, aber auch teure Bio- und Reformkost. Seit einiger Zeit gilt Wilhelmsburg als »in«, das *ZEITmagazin* zählte es unlängst zu den Hipster-Vierteln in Hamburg. Doch die Szene ist lange nicht so präsent wie im Schanzenviertel. Wilhelmsburg ist viel gemischter, nach wie vor auch ein sozialer Brennpunkt

mit vielen Armen, was mittags auch am Stübenplatz zu sehen ist. In einem ehemaligen Deichhaus logiert heute die »Wilhelmsburger Tafel«, an deren Essensausgabe oft lange Schlangen stehen. Aber es gibt auch Latte-Macchiato-Bars, Galerien und Designerläden, die z. B. »Messie De Luxe« heißen.

Immer noch merkt man, dass Wilhelmsburg lange abseits des Zentrums lag und vernachlässigt wurde. Das wollte man schon 1998 ändern, als der Stübenplatz neu gestaltet wurde. Die Pläne waren ambitioniert, sogar Solarzellen sollten gebaut werden. Aber dann ging das Geld aus. Das Einzige, was neu gemacht wurde, war die Bushaltestelle. Jetzt ist sie durch ein modernes Wellendach geschützt, ähnlich wie die U-Bahn-Station neben dem Heiligengeistfeld – ein architektonischer Gruß über die Elbe hinweg nach St. Pauli.

61

Die Alte Harburger Elbbrücke

ALTE HARBURGER ELBBRÜCKE
21107 HAMBURG

Seit je ist Hamburg stolz auf seine Brücken – fast 2500 sollen es sein – und rühmt sich als Brückenhauptstadt Europas. Umso erstaunlicher ist, dass sich die Hanseaten mit der Überquerung der Süderelbe nach Harburg so lange Zeit ließen. Erst 1872 wurde eine Eisenbahnbrücke gebaut. Fußgänger, Fuhrwerke und Radfahrer mussten noch länger warten: Erst am 30. September 1899 weihte Kaiser Wilhelm II. die Alte Harburger Elbbrücke ein.

Dass es so lange dauerte, liegt am Verhältnis der beiden Städte. Nur wenige Kilometer voneinander entfernt, sind Hamburg und Harburg noch heute zwei unterschiedliche Welten. Das hat historische Gründe: Harburg –

das erste Mal als Horeburg im 12. Jahrhundert erwähnt – kontrollierte die Süderelbe und war Gegenpol und Konkurrenz zu Hamburg, auch später, als es mal zu Bremen, mal den Welfenkönigen gehörte. Lange verfolgte das Königreich Hannover eigene Interessen und verhinderte den Brückenbau. Noch heute gibt es einen starken Lokalpatriotismus in Harburg, der »Stadt in der Stadt«, die erst 1937 von den Nazis eingemeindet wurde.

Die wenigen trennenden Kilometer waren allerdings auch nicht leicht zu überwinden: Mehrere Elbarme, kleine Inseln und Deiche lagen dazwischen und mussten mit Bauernwagen, Fähren und Ziehfähren durchquert werden – ein umständliches und manchmal gefährliches Unternehmen. Allerdings war ein Brückenbau nicht unmöglich, wie man 1813/14 sah. In knapp hundert Tagen ließ Napoleon zur schnellen Truppenbeförderung eine etwa 4 Kilometer lange und 6,3 Meter breite Holzbrücke bauen, schnurgerade auf Pfählen über Schlamm und Morast der Elbufer. Das Wasser selbst musste weiterhin mit zwei Seilzugfähren über Norder- und Süderelbe überwunden werden. Dennoch eine beeindruckende Ingenieursleistung. Die Konstruktion blieb freilich unbeliebt, auch als die Franzosen abgezogen waren: Man ließ die Brücke, die im Volksmund Teufelsbrücke genannt wurde, verrotten, sodass sie schon 1817 baufällig war und abgerissen wurde. Heute ist die Alte Harburger Elbbrücke die letzte noch existierende Portalbrücke und das älteste erhalten gebliebene Zeugnis der filigranen Eisenbrücken im ursprünglichen Erscheinungsbild. Dabei zeigt sich der einstige Widerstand gegen eine Brücke bis in die Architektur: Die zwei riesigen Sandsteinportale ähneln Stadttoren und symbolisieren so Öffnung und Verteidigung der Stadt zugleich. Die Brücke zu benutzen war damals nicht billig: Der Brückenzoll betrug für ein Fuhrwerk mit Pferd 25, für Zweispänner 40 Pfennig. Für ein Fahrrad mussten 5, für eine Kuh 10 Pfennig entrichtet werden. Heute ist die Benutzung der Brücke kostenlos. Als einzige der Elbbrücken ist sie – fast wie früher – nur für Fußgänger und Fahrradfahrer geöffnet. Manchmal ist man hier fast allein. Nur nebenan rauscht der Verkehr über die neue Elbbrücke.

Weit weg

62

Der Leuchtturm von Neuwerk

LEUCHTTURM NEUWERK
TURMWURT
27499 INSEL NEUWERK

ZIMMERRESERVIERUNG:
TEL. 047 21 290 78

TIPP

SEHENSWERT IST DAS NATIONALPARK-HAUS NEUWERK
TEL. 047 21 39 53 49
WWW.NATIONALPARK-WATTENMEER.DE

Mit über 700 Jahren ist der Leuchtturm auf Neuwerk Hamburgs ältestes Gebäude. Er gehört zum Stadtteil Mitte – und dennoch muss man zu ihm mehr als 100 Kilometer fahren und dann noch durchs Watt wandern oder mit dem Schiff übersetzen. Neuwerk ist eine kleine Insel in der Elbmündung. Bis ins Mittelalter unbewohnt und namenlos, lag sie an strategisch wichtiger Stelle auf dem Weg von der Nordsee zum Hamburger Hafen. Unterirdische Strömungen, wandernde Sandbänke und ein Riff vor der Insel machten die Navigation schwierig. Immer wieder strandeten Schiffe – gefundenes Fressen für Strand- und Seeräuber, die Neuwerk zu ihrem Un-

terschlupf erkoren. Das wollte der Hamburger Rat nicht länger hinnehmen und erwirkte 1299 die Erlaubnis der Herzöge von Sachsen-Lauenburg, auf der Insel einen Turm zu errichten.

In Rekordzeit von nur zehn Jahren wurde der gewaltige Bau nach Art normannischer Festungsanlagen errichtet. Dazu mussten Findlinge, unzählige Backsteine und kräftige Holzstämme – insgesamt 10 000 Tonnen Baumaterial – über das Watt transportiert werden. Mit bis zu drei Metern dicken Wänden und 39 Metern Höhe war der wehrhafte Turm weithin sichtbar, mehr Festung als Seezeichen, eine richtige Bastion, an der kein Schiff vorbeikam. Sein Name – Nige Wark, das Neue Werk – gab der ganzen Insel den Namen. Mit einer Besatzung von elf Männern unter Aufsicht eines Hamburger Ratsherrn bekämpfte man Seeräuber, wehrte aber auch Überfälle von Dänen und Dithmarschern ab. Auch gegen Räuber in den eigenen Reihen ging man gnadenlos vor: Turmhauptmann Berend Bräseke, der mit drei Mann ein Stader Schiff ausgeraubt und die Mannschaft ermordet hatte, wurde 1536 hingerichtet. Der Job war gefährlich, dennoch beliebt bei Hamburger Senatoren. Denn hier wurde der Zoll von Schiffen kassiert, die nach Hamburg fuhren. Und wenn ein Schiff strandete, hortete man das Strandgut lie-

ber selbst, als es Piraten zu überlassen. Einer der Ratsherren, die hier residierten, war übrigens der Barockdichter Barthold Heinrich Brockes. Eines seiner Gedichte schmückt den Turmaufgang.
138 Stufen sind es bis zur Aussichtsplattform, von der man eine wunderschöne Aussicht über Felder, Salzwiesen, Watt und Meer hat. Die Kupferkuppel mit 21 Parabolspiegeln, die wir hier sehen, stammt von 1814, entworfen wurde sie von Johann Georg Repsold. Seit Neuwerk 1971 an die Fernüberwachung angeschlossen wurde und der letzte Leuchtturmwärter seinen Dienst beendet hat, steigen fast nur noch Touristen hier herauf. 120 000 besuchen die Insel im Sommer, die meisten nur für einen Tag. Sie kommen zu Fuß, mit Schiff oder Wattwagen, klettern auf den Turm und speisen in einem der fünf Gasthäuser. Dann müssen sie schon wieder zurück – wegen Ebbe und Flut. Besser ist es, im Leuchtturm zu übernachten. Die Zimmer sind wie früher, altmodisch mit gemütlichen Sitzbänken an den Fenstern, das Bad im Flur. Bei schlechtem Wetter lockt das »Senatszimmer« mit edler Holzvertäfelung und schweren Stühlen, in dem es sich die Ratsherren früher gutgehen ließen. Noch schöner ist es draußen, bei Inselumrundung oder im Watt, das seit 2009 sogar zum UNESCO Naturerbe gehört. Auf einer Wanderung zur Vogelinsel Scharhörn kann man die Weite des Wattenmeers fast allein genießen. Allerdings muss man sich dabei streng an Gezeitenplan und ausgesteckte Route halten, denn bei Flut ist die Elbmündung auch heute noch ein gefährliches Gewässer.

ABBILDUNGSVERZEICHNIS

REGISTER